# ビジネス・ヒントの経営学

## —闘い抜く技法を学ぶ—

サンシングループ CEO
博士（経営学）

石井宏宗 ［著］

創 成 社

# プロローグ

　筆者は現役の中小企業経営者，いわゆる「中小企業のオヤジ」です。最初に社長となったのは28歳でした。筆者が若くして社長になった理由は，100年に一度の逸材だった訳ではありません。ある会社の取締役となった実働3日後，その会社の社長が失踪してしまったのです。億単位での横領，誰もそのような泥船の社長をやろうとは思いません。しかし筆者は血気盛んで若気の至り，火中の栗を拾いに行きました。実際に栗を拾うと，いろいろと火傷をします。しかし数年後，栗の実は美味しく頂きました。

　話は戻りますが，筆者はそれまで経営経験がありませんでした。そこで，経営の知識だけでも他人の3倍，いや，10倍は持っておく必要がある，と根拠なしに思い立ちます。すぐに神保町でいろいろな経営書を読み漁りました。しかし，日本の経営学者が書いた本は浮世離れしていて現場の役に立ちません。そこで，金融機関が主催する，ピーター・ドラッカー[1]やジョン・コッター[2]，海外の経営学を勉強する経営塾に参加したのです。とても刺激的で面白かったことを覚えています。

　死に体の会社を再建するなか，経営知識の勉強をしていると，実践と理論，この二つの関係に興味が出てきます。ちょうどその時，

---

1) ピーター・ドラッカー（1909年〜2005年）。経営学の父と呼ばれている。
2) ジョン・コッター（1947年〜）。リーダーシップ論の大家である。

まだ勃興時であった社会人 MBA の存在を耳にしました。そして30 歳の時に社会人院生となり，その後は毎日睡眠 2 時間，毎週の海外出張，数社の起業などを平行させ，朝晩働きながら MBA を取得しました。その間に家族も増えました。34 歳の時に病気となり入院をしましたが，懲りずに博士後期課程にも手を出してしまいました。しかしメンター[3] からのアドバイスのおかげで，38 歳で経営学博士号である Ph. D. を取得できました。それ以降は学会などで研究を続け，学会報告，学術論文，書籍などを上梓しています。くわえて，大学講師など社会活動を展開しています[4]。

　筆者にとって，研究や教育よりも，「現場ビジネスのリアリティ」が何よりも大切であることは言うまでもありません。これまで多くの起業や新事業にチャレンジするも，同時に，経営では多くの失敗を重ねてきました。特に人事面では才能が劣るようで，自分自身の任命責任を自問自答することが多々あります。しかし経営の光と影，すべてを直視して受け入れることが，経営者の財産にもなります。38 歳の時，経験してきた経営事象を少しでも普遍化し，微力ながら後世へ遺していくことが，経営と経営学に携わる筆者のひとつの「使命」と考えるようになりました。

　このような経緯から，経営には KKD（勘・経験・度胸）だけではなく，最低限の経営知識も必要であることを強く感じます。要する

---

3）故・青井倫一先生（慶応大学名誉教授）にはメンターとして重厚な経営学の原理原則を御教示いただいた。また，山本昌弘先生（元明治大学副学長）には本物の経営学者の精神を御教示いただいた。
4）経営者の主観と客観の融合。筆者は西田幾多郎でいう「主客合一」を目指している。

に，「経験×知識＝知恵・知性」の必要性です。実際，筆者は若い頃に多くの知識を吸収したことで，経営の経験不足をカバーしてきたように思います。あえて倒産寸前企業の社長となり再興，実父突然の危篤によるスクランブル登板，承継時のアンシャンレジームとの闘争，リーマンショックと東日本大震災の危機を克服，そして今，ナッシュ均衡[5]に陥る米中対決，コロナ禍での経営と格闘しています。これらの経験，実践経営と知識の習得，双方の蒸留が，波状的不確実性から起こる現象解決へのヒントとなり，経営者としての血肉となっていることは間違いありません。

　しかしながら，経営学の知識がそのまま実践で使えるわけではありません。ましてや知識を知っているだけでは，何ら成果など期待できないのです。目の前のリアルな現象とそれまでの知見が，突然，「ハッ！」と結合するような閃きが，経営と経営学のハイブリッドな世界観には不可欠なのです。本書はこのような閃きのヒントとなるよう，経営の現場で最低限必要と考えられる経営学のヒントを集めました。本書が良いタイミングでの啐啄同時[6]となり，皆様へわずかでもお役に立つことを祈念しています。

---

5）どのプレイヤーも打つ手なき行き詰まりの均衡状態をいう。
6）最高のタイミングであること。鳥類の孵化はヒナが卵の殻を内側からつつく（啐），親鳥は同時に外殻をつき（啄）卵は孵化する。どちらが早すぎても遅すぎても孵化はしない。

# 目　次

# Chapter *1*　経営学は役に立つか？

　まず，「経営学は役に立つか？」ということからお話ししたいと思います。渋沢栄一[1] は，新しい一万円札になる方ですが，明治維新黎明期の実業家で『論語と算盤』という名著を残しています。その本のなかに，「学問と社会との関係を考察すべき例を挙げると，あたかも地図を見る時と，実地を歩行する時のごときものである」という至言があります。この言葉から経営の理論と実践について考えてみましょう。

## 1－1．ビジネスで使えない経営学は役に立たない

　渋沢は，「学問＝地図」，「社会＝実地」と言い換えていますが，ここではさらに「学問＝地図＝経営学」，「社会＝実地＝経営現場」，というメタファーで考えてみましょう。ここから見えることは，学問と社会，地図と実地，そして経営学と経営は，似て非なるものということです。いま風にいえば，経営学はバーチャルで，ビジネス現場はリアルです。バーチャルはリアルのヒント，役に立つ存在にはなり得ますが，あくまでバーチャルの域を超えません。ここからわかることは，「ビジネスのリアルな現場で役立たないバーチャル

---

1）渋沢栄一（1840 年〜 1931 年）。日本資本主義の父。「道徳経済合一説」を論及し，強欲な資本主義ではなく小さな資本の集合体の倫理ある「合本主義」を提唱。講話集である『論語と算盤』は有名である。

| メモ | 1−1 | 渋沢栄一から考えるバーチャルとリアルの関係 |

「学問と社会との関係を考察すべき例を挙げると，
あたかも地図を見る時と，実地を歩行する時のごと
きものである」　　　　　　　　　　　(渋沢栄一)

➡ 学問＝地図＝経営学＝バーチャル
➡ 社会＝実地＝ビジネス現場＝リアル
➡ ヒントとしてバーチャルをリアルに活かす

の経営学は役に立たない」ということです。逆に言えば，リアルな
ビジネス現場で使えるバーチャル経営学は，役に立つということで
す。ただし，経営学はあくまで現場での問題解決の「ヒント」にし
かなり得ず，「答え」ではないことを強く認識しなければなりませ
ん。この意識が希薄な場合，経営学を学んでも，さしてリアルでの
効果も期待できないでしょう。

| メモ | 1−2 | 経営学は答えではなくヒント |

・ビジネス現場で使えない経営学は役に立たない！
➡ 現場で使える経営学は役に立つ
➡ 経営学は現場の問題解決の「ヒント」
➡ ただし「答え」ではない

## 1−2．使えない経営学が存在する理由

　「ヒントとしての経営学」が，リアルで起こる問題を解決する可
能性を高めることはいうまでもありません。さて，ヒントとして使
える知識はいかに身につければ良いのでしょうか。この課題を考え
るために，まず，使えない経営学が生み出される背景をお話ししま
しょう。主な理由は，経営学者の研究は，自分自身の業績のための

ものが大半で，社会問題解決に向けての研究ではないということです（我々の税金から捻出される多額の「科研費」はこのようなものに使われています）。また，たくさん論文を書いた学者は業績が高い学者である，という文科省主導のツマラナイ加点主義も背景にあります。多くの学者の目的は論文の数であり，共同研究で業績本数を稼ぐようなドーピングが横行してしまうのです。そこから生まれた研究は，「経営学者のための経営学」であり，「経営のための経営学」ではありません。ほとんどはビジネス現場で役に立たないものです。

　この傾向は日本の経営学学界に顕著で，目的と手段が逆さま，いわゆる「目的置換」の典型といえます。このような由々しき事象は，莫大な数のデータとややこしい解析方法から，一見それらしい仮説を導いている実証研究に多くみられます。彼らはそれがサイエンスであると主張します。一方，学外から発信される知見は，「理論のない現場ドリブン」と軽蔑されてしまいます。これは学内学者が自分の領域を守るための詭弁ですが，このような姿勢では，「地図と実地」のギャップを埋めるような，現場の問題解決のヒントとなる経営学は当分生まれないでしょう（誤解の無いように申し上げますと，日本にもドーピングなどをせず，リアルな社会問題の解決を目指す「本物の経営学者」はきちんと存在しています。しかし私の経験上それは学内学者全体の10％くらいしか見たことがありません）。

　この本で取りあげる多くの経営知識は，海外発信の経営学と，現場発信の実学いわゆるトヨタ方式などマネジメントに関わるものです。海外の経営学の多くは，ハーバードビジネスレビューなどをみるとわかりますが，コンサルタントや現役CEOが大学教授と共同執筆した研究がベースになっています。これらの共同研究は本数稼ぎ

のドーピングではなく，現場ドリブンと理論ドリブンを尊重の上で融合させる意図があります。ですから実践的かつ理論的な生きたヒントになる可能性が高いのです。日本の研究でも実学のトヨタ方式などは，現場ドリブンが色濃く，現場の問題解決のヒントとして役立ちます。

---

**メモ 1−3** **ほとんど実践で使えない日本の経営学**

・使えない経営学が存在する理由
　➡ 経営 "学者" のための経営学
　➡ 簡単なことを難しくする経営学
　➡ 現場ドリブン軽視の日本の経営学

## 1−3．経営学の使い方

　これから22世紀へ向け，バーチャルとリアルをいかに融合できるのか，これが現場での成功の鍵となります。たとえば，AIやVRなどが急速に進歩していますが，これら技術的知識をビジネスに活かしたものが成功の鍵を握ります。その時，使える経営学が経営現場の問題解決のヒントとなりえます。ただし，バーチャルとしての経営学を，リアルとしての経営現場のヒントとして活用するには，その「使い方」が極めて重要です。基本的な使い方は，古典的な実践手法ともいえる，What / Why / Who / When / Where / How / How much の「5W2H」がベースになります。このようなことをいうと，「5W2Hは経営学なのか？」と訝しがる人もいると思いますが，いまも昔も5W2Hはビジネス現場の基本，普遍的な実践哲学です。物事を5W2Hに区分して仕事を切り分け，進めることができれば，大きな失敗はしないものです。

## (1) 5W−What if−2H

　現場で課題がある時には，必ず，「何が？」(What) からスタートしましょう。What がわからなければ，何も前には進みません。つぎに重要なことは，「なぜ？」(Why) です。理由という背景が不明瞭な場合，情報はリスク化します。What と Why を押さえれば，あとは，「誰？」(who)，「いつ？」(when)，「どこで？」(where) を補足して，情報を立体化します。くわえて，一般的な課題解決方法では，「どのように？」(How)，ビジネスで重要な「いくら？」(How much) を含めて，解決のための戦略，戦術，計画などを策定立案していきます。しかし，これだけでは普通のやり方となってしまいます。そこで，課題解決のヒントであるバーチャルの経営学を，「What if」すなわち「仮説」として組み込むことで，５W２Hよりも根拠ある課題解決スキームが構築できるようになります。要するに，５W (What/Why/Who/When/Where) の後に "What if" を差し込み，２H (How/How much) の質を大幅にレベルアップさせるのです。このように，経営現場と経営学を融合させ，レベルを上げた課題解決を行うために，"５W−What if−２H" という実践的方法があります[2]。

---

2）近い概念として DDP（Discovery-Driven Planning：仮説指向計画法）があるが，5W−What if−2H はより実践的手法である。

**メモ　1-4**　　5W－What if－2H という実践哲学

・5W－What if－2H
➡ 何が？ [What]
➡ なぜ？ [Why]
➡ Wh's-? [Who, When, Where]
➡ <u>ヒントとしての経営学 [what if？]</u>
➡ どのように？　いくら？ [How / How much]

## （2）事　例

　"5W－What if－2H" の具体例をみてみましょう。私は福祉大学の非常勤講師を担当していますが，そもそも福祉系の学生はこれまで経営系科目にあまり興味なく，一般的な経営学を教えても訴求はしませんでした。そこで私は，「福祉の課題を，経営学のフレームワークを使って，課題解決してみよう」という実践的講義をすることにしたのです。記憶に残る講義は，「福祉企業の品質向上の方策を検討しなさい」という課題のワークショップでした。ある学生チームは，What を「福祉介護サービスに統一的な品質管理の基準がないこと」を出発点とし，Why は「介護サービスは労働集約的なので品質測定が難しい。この理由から，介護現場はこれまで，属人的で可視化されない経験値，いわゆる暗黙知だけで対処されてきた」というものでした。

　そして "What if" として，「暗黙知を形式知に変え，業務を標準化する「SECI モデル」[3] を使用し，基準値を可視化する」という

---

3）本書 Chapter6「マネジメントとは何か？」6-4. その他の道具 (8) で詳細を解説する。

フレームワークを課題解決のヒントにしたのでした。その上で,How を「ISO を導入して業務を平準化する。業務内容に基準を作り,PDCA サイクルで回して品質を向上させる」として,How much についても「品質向上は多くのリピーターによる安定収益とさらなる顧客をもたらすため,その成果をあげた社員には給与を沢山あげる」ということを提言したのです。私は大学教員として,経営者として,このチームの「ものの見方」に感銘を受けました。くわえて,このチームは全員が留学生,これまで経営系の知識はなかった学生たちでした。この事例は,ビジネスの現場というリアルな経験がない人でも,"5W-What if-2H" を使うことができれば,バーチャルとリアルの融合が可能であることを示唆しています。経営学という知識だけを暗記するのではなく,リアルな課題に対していかにヒントとしての知識を "What if" で融合させることができるのか。この事例は,これからの知識創造社会の時代を生き抜く,大いなるヒントになるものと思います。現場で使える経営学を学ぶ意義は,十分あるのです。

### メモ 1-5 5W-What if-2H の事例

・事例テーマ:「福祉企業の品質向上を検討せよ」
What:福祉サービスの品質管理の基準がない
Why:現場での作業が属人的で標準化されていない
What if:SECIモデル ➜ 暗黙知の形式知化
How:ISO[国際標準化機構]/ 福祉版ISO創設
　　　PDCAによるマネジメント

## メモ 1－6 現場で有効な5W－What if－2H サイクル

# Chapter *2* 企業とは何か？

## 2-1. 社会の公器

　企業とは，誰がために，なぜ必要なのでしょうか。最初に，「企業とは社会の公器である」という至言を紹介したいと思います。企業とは，社会全体の公（おおやけ）の器（うつわ）のようなものである，という意味です。この考え方は，経営の神様といわれるパナソニックの創業者，松下幸之助[1] の経営思想です。私企業が社会の公器。どうも矛盾しているようにも見えますが，「社会の器」をヒントにして，企業のあり方について考えていきましょう。

### メモ 2-1　企業は社会の公器という松下幸之助

「企業とは社会の公器である」

(松下幸之助)

## 2-2. 社会のスタビライザー

　まず，企業のそもそもの存在意義を考えてみましょう。企業の存在意義についての解釈は，経営者や学者により諸説あります。本書

---

1）松下幸之助（1894 年〜 1989 年）。1918 年パナソニックの前身である松下電気器具製作所を創業。「二股ソケット」で一躍有名企業となる。凡事徹底，小事は大事，觀面注意，素直な心，会社は公器，人をつくる会社，日に新た，水道哲学，共存共栄，など数多くの思想を残し後世の経営者へ多大な影響を与えている。

では，それらの最大公約数として，企業の存在意義を「社会のスタビライザー」，いわゆる「安定装置」と考えることにします。なぜなら，企業による雇用が多いほど失業は減り，経済が好循し，結果的に社会全体は富むに足りるからです。要するに，企業は社会経済を安定させる源泉，器（うつわ）なのです。これが松下幸之助の意図する所以でありましょう。

松下幸之助は戦前から会社を創業していましたが，戦時中は統制経済の下，軍官僚が派遣され，国のために働けと命ぜられていました。目的は戦争に勝つこと，戦争に勝てば国家は裕福になる，という発想です。結局，我が国は壊滅的な敗北をするわけですが，その時，多くの経営者は，企業とはなんぞや？　と考えたのだと思います。国家が戦争で勝つためではなく，身近な人を幸福にするための企業，それが連鎖すれば社会も安定し，戦争をしなくても国力は増大する，そのように考えたのではないでしょうか。

敗戦直後に起業したソニーの井深・盛田コンビ，ホンダの本田・藤澤コンビしかり，多くの偉大なる先達の経営者は，経営理念に文化文明の進展による豊かな社会実現を掲げています。私が感銘を受けることは，原爆までをも落とされた焼け野原のなか，多くの経営者が自分だけのことを考えず，社会全体の幸福と文化文明の進展を志したことです。当然，国の命令ではありません（国や行政が絡むと，上手くいくものも失敗します）。それぞれの起業家が徒手空拳，自分の信念を掲げた理念が，今も多くの日本企業に生き続けています[2]。

---

2）戦前に設立された多くの企業も，財閥解体や公職追放により，焼け野原のなかで第二創業を余儀なくされた。

私は，この「志」（こころざし）こそが，日本的経営の原点であり，社会の器の礎であると考えています。

## 2−3．付加価値の創出

　つぎに企業が生み出す価値について考えていきましょう。企業は経済活動から「付加価値を創出」します。付加価値の一般的な定義は，すべての生産額から，原材料費や機械設備，減価償却を引いた金額です。しかし，この付加価値がそのまま利益になるわけではありません。付加価値は人件費や販売活動費，金融機関への手数料の支払いなどに使われ，残った金額が最終利益ということになります。ですから，付加価値をいかに高くするか，これが企業の重要な指標のひとつになるのです。

　付加価値と絡め，最近，労働生産性を高めようと標ぼうされています。これは，いかに短い時間で最大の付加価値を生み出せるのか，ということです。付加価値からたくさんの利益が出れば，再投資をして事業拡大や新事業を作りだすこともできます。この正のスパイラルが軌道に乗れば，企業は加速度的に成長発展をしていきます。さらに，利益は株主への配当の源泉にもなります。出資者への安定した配当は，出資者の長期株式保有にもつながり，安定経営のひとつの要因にもなるのです[3]。

---

3）付加価値を高め株主分配をしても企業価値を変動させないとする古典的な「ヒックスの所得概念」も同様の考え方といえる。

12

## 2－4．法人税が社会の基盤

　くわえて，「法人税等の納税」があります。損益計算書では，税引前利益から法人税が支払われ，当期純利益が確定します。企業経営たるプライドのひとつに，法人税等の納税があります。特に，黒字でなければ法人税の納税はできません。法人税は一年間の結果としてもちろんのこと，社会インフラや教育，医療，福祉に至るまで，社会安定の重要な原資となります。経営者は企業活動をとおして，社会のスタビライザーの一角を背負っているという喜びとプライドを持っているのです。

　永田町や霞が関の自称上級国民ははなはだ偉そうにみえますが，彼らは企業活動による利益を取り上げ，予算として再配分する役目でしかないのです。つまり人のフンドシで相撲を取る人たちです。古くから，サン＝シモン[4]は官吏に予算管理をさせるべきではないと説いています。すべては民間企業が諸活動をとおして，社会と国家の安定を担っていることを忘れてはなりません。まさに企業とは社会の公器なのです。さらに，一般的に経営者は個人としても多くの所得税を納めます。これも経営者の喜びです。古い欧州格言に「ノーブレス・オブリージュ」というものがあります。社会的責務がある地位の人間は，相応の社会的責務があるという意味です。多くの経営者には，ノーブレス・オブリージュの精神が宿っているのです。

---

[4] サン＝シモン（1760年〜1825年）。フランスの産業人思想家。空想的社会主義の祖とされる。『産業階級の教理問答』では官僚による国家予算管理を痛烈批判した。

**企業活動は社会幸福の源泉**

・社会のスタビライザー（安定装置）
➡ 社員を「雇用」する
➡ 経済活動で「付加価値」を生みだす
➡ 利益から「投資」する
➡ 利益から「配当」する
➡ 利益から「納税」する
➡ より良い社会の源泉

## 2-5. ステークホルダーとの共生

　企業の存在意義のひとつに，「ステークホルダー」との共生があります。企業は，「自分たちさえ良ければそれでいい」という発想で存在していく訳にはいきません。なぜなら，顧客や仕入先が存在していなければ，ビジネスは成立しないからです。「人は一人では生きていけない」といいますが，「企業も一社だけでは生きていけない」のです。したがって，企業はステークホルダーという，利害関係者と共に生きていくことが求められます。ステークホルダーとは，顧客のみならず，

**ステークホルダーと共生して前進**

商品やサービスを作るために必要な原材料を供給してくれる仕入業者，お金を投資してくれた株主，お金を貸してくれる金融機関，そして企業で働いている社員や地域社会など，企業を支えてくれる方々すべてを指します。企業を取り巻くステークホルダーに感謝しながら活動をしていくことが，企業の存在意義のひとつであることがわかります。

## 2－6．ゴーイング・コンサーン

　企業は「継続企業」であり続ける必要があります。英語でいうと「ゴーイング・コンサーン」といいます。少し難しいようですが，元々は会計用語です。会計では，企業は潰れない前提という考え方なのです（実際には多くの企業が倒産するわけですが）。さて，いかにして企業を継続させていくのでしょうか。一般的に，継続企業のもっとも大事な要素は「経営理念」であるといわれていますが，疑問に思われる方も多いと思います。経営理念でどのように倒産せず，継続企業が実現できるのでしょうか。

　企業は社会の公器です。したがって，社会に貢献すべく，レーゾン・デートル（存在意義）を明らかにする必要があります。これを明示するものが経営理念なのです。近年のリーマンショック，現下はコロナ禍で全世界が大不況のなかにいます。100年に1回といわれる大不況が，10年に1回の確率で起こるようになっています。いまこそ，経営理念に込められた創業者の志を省みて，レーゾン・デートルとしての経営理念を，先達の時間と共に熟考する哲学心が必要ではないでしょうか。いうなれば，タイムマシンとしての創業理念と邂逅して未来へ歩む，そのような観念が大切かと思います。世界企業となったソニーやホンダ技研なども，創業者の経営理念を

いまでも大切にしています。すなわち「不易流行[5]」，経営理念は
企業にとって重要なものなのです。

　また，経営理念に近い概念として，社是社訓，クレド（信条），
最近ではパーパス（存在意義），などという言葉があります。これら
も企業の存在意義や方針を示すための基本的概念として，創業者の
哲学が盛り込まれていることが多くあります。創業者の哲学は，社
風や企業文化と呼ばれるものを形成していきます。たとえばトヨタ
自動車とホンダ技研は自動車業界の雄ですが，TPS（トヨタ生産シ
ステム）を基盤にし，メリットがあればエンジンでさえ外注に製造
委託をするトヨタ自動車の文化。一方，モノつくりのロマンを追い
かけ，ジェット機まで作ってしまうホンダ技研。社風も企業文化も
まるで違うことがわかります[6]。これが豊田喜一郎と本田宗一郎の
創業者哲学の相違といえるでしょう。当然，正解と不正解，そのよ
うな無粋なことをいっているわけではありません。経営理念によっ
てその後の企業の文化は異なり，多様性を持つのです[7]。

---

5）不易は変わらないこと，流行とは変わること，この両方の融合である。
　　松尾芭蕉が好んで用いた思想である。
6）たとえばトヨタではプロジェクトや問題解決の内容をA3で1枚にま
　　とめる「A3文化」があるが，本田技研はほぼ同様の内容を「1枚ベスト」
　　とネーミングしていた。
7）経営理念を実現するために下部概念として「経営ビジョン」がある。
　　さらにその下部概念には「全社戦略」，「事業戦略」，「機能別戦略」が
　　ある。それらは後述する経営戦略の章で勉強する。

**メモ 2-4** 経営理念が継続企業を実現する

## 2-7. まとめ

　ここまで企業とは何か，その存在意義を考えてきました。ポイントとして，「企業は社会のスタビライザー（安定装置）である」，「企業はステークホルダー（利害関係者）と共に存在している」，「継続企業のためには経営理念が大切となる」ということを押さえておきましょう。

# Chapter *3*　企業の社会的責務とは何か？

## 3－1．社会的責務の構成

### （1）4つの基本責務と新たな3つの責務

　一般的に，企業の社会的責務は4つの項目から構成されています。それは「社会貢献責務」，「法的責務」，「経済的責務」，そして「倫理的責務」です。社会的貢献責務が主たる目的であり，その周りを法的責務，経済的責務，倫理的責務が手段として存在する配置となります。コンプライアンス全般の法令遵守，雇用や付加価値が社会のスタビライザーの源泉であること，ステークホルダーと共に生きる倫理観，これら4つが社会的貢献には必要です。この内容は，先ほどの「企業とは何か」という考察をとおして理解できると思います。くわえて，企業の4つの基本的な社会的責務だけではなく，新たに3つの責務が問われ始めています。それが「環境マネジメント・システム（EMS）」，「品質マネジメント・システム（QMS）」，そして「危機管理（BCP）」です。

---

1）1971年ローマクラブによる「成長の限界」以降，3R運動（リデュース・リユース・リサイクル）や「大地へ帰れ」など多くの環境保全活動が行われ，1997年「京都議定書」（COP3）では国際的排出権を取り決め，2001年のMDGs（ミレニアム開発目標），2015年のSDGsへとつながる。

**メモ 3−1** どんどん増える企業の社会的責務

## （2）環境マネジメント・システム

　過去から地球環境の保護が叫ばれてきましたが[1]，温暖化要因と みられる激甚災害が世界中で発生している現在，地球環境の保全活 動は避けては通れない喫緊の課題となっています。それぞれの企業 が環境問題に取り組むことが，地球環境保全の重要なファクターと なることは言うまでもありません。一方，米国ではトランプ前大統 領が地球温暖化防止条約のパリ協定（COP24）から離脱したことも ありました[2]。しかしその間でも，理性ある米国企業のほとんどは 環境保全活動へ真摯に取り組んでいたのです。世界中の多くの企業 では，ISO14000 など環境マネジメント・システムを認定取得して おり，その認定がないと取引さえできない厳格な自主規定のなかで 経営をしています。政治がカオスな無法地帯であろうと，企業はそ れを上回る現実的で自主的な倫理観と実行力を保持していることが

---

2）民主党バイデン政権が勝利し COP 24 へ復帰した。

わかります。人類が地球環境へ悪影響を与える発端として捉える「人新世」(じんしんせい・ひとしんせい:Anthropocene) という考え方の浸透や,プラスチック海洋投棄の「海プラ」問題など,新たな環境保全への取り組み[3] は企業の重要な社会的責務なのです。

## (3) 品質マネジメント・システム

　品質管理は ISO9000 など品質マネジメント・システムの取得と実行により担保されます。商品・サービスを製造もしくは販売すれば企業の責任は終わり,という時代は遠い過去のものとなりました。標準的な品質工程で製造されたものなのか,消費者を守るアフターサービス体制は整備されているのか。これらの基本的な要素を積み重ねることが経営の品質となり,企業評価(レビュテーション)ともなります。品質マネジメント・システムの遵守は重要な社会的責務のひとつです。

## (4) BCP

　最後の「BCP」(Business Continuity Plan:事業継続計画)は,ERM (Enterprise Risk Management) を基礎とする,いかなる状況でも企業責任を果たすリスク管理の自主規定です。3.11(東日本大震災)とコロナ禍の際,多くの工場で生産が停止しサプライチェーン(SC)は機能不全に陥りました。たとえ1個の部品が揃わない場合でも,完成品を作ることができないのです。それ以降,製品は一社からの購買ではなく,二社以上から同等の製品を購入するなど,リスク回

─────────
3) 気候関連財務情報開示タスクフォース(TCFD)の開示義務検討など。

避難策が取られています。仮に災害などで製品供給が不可能な場合でも，代替品での事業継続を事前に取り決めておくことで，企業の社会的責務を実現することができるのです。

## 3－2. 社会的責務の体制

### (1) コンプライアンス

近年，頻繁に聞くキーワードに，「コンプライアンス」というものがあります。この言葉は20年くらい前から我が国でも使われるようになりましたが，主に「法令順守」を意味します。「憲法や法律，条令，規制なども含む，公的なルールを守ろう」ということです。企業として身近な法令は，民法と会社法[4]です。企業と構成員は権利義務や商行為などのルールは順守しなければなりません。たとえば利益に見合った税金を納めない場合などは重加算税[5]などがかかります。悪質な場合は脱税とみなされ，それをきっかけに株主が役員[6]を訴訟する「株主代表訴訟（会社法）」なども散見されます。このようなトラブルで会社が倒産してしまうかもしれません。このご時世，一人ひとりの役員や社員が法令を順守すること，これが企業責務の大前提といえます。

---

4) 民法とは市民取引など私法を規定したものであり，ナポレオン法典が基礎である。会社法は会社に関する法規であり旧商法が基礎でありドイツ商法に由来する。

5) 重加算税とは，申告された税額が悪意の上で異なる場合などに，加算税のみならず課されるペナルティである。

6) 役員の定義は明確なものはないが，取締役，社外取締役，監査役，執行役員などを意味する場合が一般的である。

　次は「マネジメント・システム（MS）」の順守です。先述したコンプライアンスは法令順守という公的ルールでしたが，マネジメント・システムは，「それぞれの企業が私的に決めたルールを守ろう」ということです。いわゆる内規といわれる社内規定や，ISO など品質や環境などのマネジメント・システムも，社内で約束事にされれば，それらを順守せねばなりません。最近よく聞くハラスメントについても社内規定を制定している企業が多いですが，これも私的ルールの順守を促すものです。しかし時代が進むにつれて，法令順守も内規順守もすべて包括的にコンプライアンスと呼ぶようになり，言葉の使われ方もシームレスになりつつあります。現在においては，「公的私的に決められたルールはすべて守ろう」というのがコンプライアンスの概念と考えて良いでしょう。

## （2）監査役

　公的と私的のコンプライアンス，これらの順守はどのように管理されるのでしょうか。当然，それぞれの役員や社員，企業に関わる人たちによる日々の意識の高さが前提となります。しかし，それだけでは管理ができないことも自明の理というものです。そこで企業には「監査役」という機関が存在します。監査役は「〜役」と書いてありますから，人の役職のように聞こえますが，特定の人を指すのではなく，会社法で決められている「機関」です。監査役は公認会計士が会計監査を行うだけ，というイメージを持つ人も多いかもしれませんが，そのようなことではありません。監査役の基本的な役割は，「業務監査」なのです[7]。業務監査，要するに日々の役員や社員の業務が適正に行われているかを監査することです。この業

務監査の対象に，公的私的なコンプライアンスの順守が含まれていることはいうまでもありません。

## （3）社外取締役

　監査役と混同されがちな，「社外取締役」についてもお話ししましょう。結論からいうと，社外取締役と監査役はまったく異なる機関です。ほとんどの企業では，監査役も社外取締役も社外から就任することが多いため，混同されがちです。監査役は先ほど説明した内容の機関ですが，社外取締役は「取締役」です。したがって，取締役は監査役からの業務監査の対象となります。近年，取締役の違法行為など企業不祥事が増えてきたこともあり，取締役の客観性を高めよう，ということで主に外部からの社外取締役にスポットライトが当たっているのです。内部プロパーの取締役では，出来レースや間違った慣例がまかりとおることも考えられます。そこに一石を投じるのが社外取締役に期待される役割ということです。また，女性が躍進できる企業をめざし，社外取締役に女性を起用する企業も多くなってきました[8]。ただし，社外取締役は監査役ではなく，あくまで取締役の一員であることを忘れてはなりません。

---

7）上場企業など大企業は公認会計士による「会計監査」が会社法で義務化されている。中小企業は会計監査が不要であるが，監査役による「業務監査」は義務である。
8）ドイツ政府は上場企業に女性取締役の就任を義務付けている。

## (4) コーポレート・ガバナンス

　ここまで公的なコンプライアンスである法令順守，私的コンプライアンスであるマネジメント・システム，主に業務監査を行う監査役，取締役機能に客観性をもたせる社外取締役をみてきました。これらを実行して，はじめて「コーポレート・ガバナンス」（企業統治）が達成される土壌が形成されるのです。これだけ整備しても，整備するだけではさして意味なく，一生懸命に実行しても成果が出なければ，コーポレート・ガバナンスは価値をなしません。特に日本では，依然として経営者に女性が少ないなどジェンダー・パリティ[9]の問題もあります。アクティビスト[10]に指摘されるまでもなく，経営者はコーポレート・ガバナンスの視点から変革すべき課題を速やかに解決すべき時がきています。

**メモ 3-2　社会的責務の機能と体制**

・企業の社会的責務と体制
- ➡ コンプライアンス（法令順守）：公的ルール
- ➡ マネジメントシステム（MS）：社内ルール
- ➡ 監査役：会計監査 / 業務監査
- ➡ 社外取締役：客観性
- ➡ コーポレート・ガバナンス（企業統治）

---

9）男女均等のこと。
10）いわゆる「物言う株主」のこと。

**メモ 3−3** 監査役が鍵となるコーポレート・ガバナンスの基本型

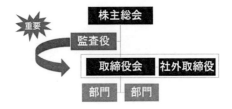

## 3−3．CSR から SDGs

### （1）CSR

　ここまで勉強してきた社会的責務は，「CSR」(Corporate Social Responsibility) を行う上での前提条件と理解して良いでしょう。CSR の具体的な活動として，企業の情報公開（IR），フィランソロフィー（慈善活動），メセナ（芸術活動），環境経営，最近では社員の健康を奨励する健康経営などがあります。当初の CSR は慈善活動や芸術分野など狭義の社会貢献を意味していましたが，2000 年代に入り環境保全活動への取り組みが企業の責務となるや，CSR は企業が幅広く社会的貢献を示す重要なキーワードとなりました。ミレニアル世代や Z 世代などは，CSR に取り組まない旧態依然な企業は就職先から忌避する傾向もあります。経営者の思想が CSR の活動内容に反映されていると言っても過言ではないでしょう。

### （2）ESG

　最近，「ESG」という株式の概念が広まりつつあります。E は Environment（環境），S は Social（社会），そして G は Corporate Governance（統治）を意味しています。ESG は，これら 3 つの要素

で社会的責務を果たす企業を，長期的に成長させるため，志のある株主が集う概念なのです。いわゆる「責任投資原則」（Principles for Responsible Investment：PRI）のひとつです。このように，企業の社会的責務は時代の潮流です。これまでの守り一辺倒の姿勢から，未来志向の攻めの社会的責務に変化していることがわかります。ESGに適う企業が増えれば，いわゆる SDGs も結果的に達成されることになるでしょう[11]。

## （3）CSV

　比較的新しい考え方に，社会的共創価値（Creating Shared Value：CSV）という概念があります。米国の著名な経営学者であるポーター[12]が考案した考え方で，企業は社会課題を解決することで，経済的価値と社会的価値を実現するというものです。企業はこれまで，自分たちが売れると考えるモノを生産，もしくはサービスを提供することで利潤を得てきました（これをマーケティングでは「マーケティング 1.0」といいます）。その後，企業視点ではなく消費者視点からモノを作るようになります（マーケティングでいう「マーケティング 2.0」です）。しかしながらポーターは，これからの企業は社会的課題を解決する製品に着目し，経済的利益だけではなく，社会的な価値も創出するべきであると唱えたのです。地球環境の破綻が目前

---

11）PRI と類似した概念から，民間資金を活用し委託事業者に成果連動の仕組みで社会問題を解決する「SIB」（ソーシャル・インパクト・ボンド）などもある。
12）マイケル・ポーター（1947 年〜）。競争戦略論の世界的大家である。

に迫り，国連の SDGs や炭素エミッションのゼロへの取り組みのなか，コロナウイルスなど世界的なパンデミックの対応も急務となっています。これら社会問題を企業が解決し，その社会的価値が企業のレーゾン・デートルと啓蒙するポーターの CSV は，企業の社会的責務の極めて重要な座標軸となるでしょう [13]。

**メモ 3-4　天才ポーターの CSV 思想**

- ・ポーターのCSV　（社会的共創価値）
  ➡ 社会課題解決＝経済的価値＋社会的価値

## （4）SDGs

　地球環境は抜き差しならぬ所まで悪化し，100 年に一度の異常気象が毎年のように起こるようになってしまいました。その原因は人間の経済活動に他なりません。そこで 2015 年の国連サミットで，地球環境を守りながら持続成長可能な発展をするという，二律背反を叡知で乗り切ろうとする 17 項目が取り決められました。それが持続成

---

13) 企業の社会問題解決の取り組みとして，たとえばマイクロソフト創業者ビル・ゲイツは $CO_2$ 排出ゼロの製品に切り替えるコストを「グリーン・プレミアム」として，企業と消費者にその負担を提唱している。

14) 17 項目は以下のとおりである。① No poverty ② Zero hunger ③ Good health and Well-Being ④ Quality education ⑤ Gender equality ⑥ Clean water and sanitation ⑦ Affordable and clean energy ⑧ Decent work and economic growth ⑨ Industry, innovation and infrastructure ⑩ Reduced inequality ⑪Sustainable cities and communities ⑫Responsible consumption and production ⑬ Climate action ⑭ Life below water ⑮ Life and Land ⑯ Peace, justice and strong institutions ⑰ Partnerships for the goals.

長可能目標（Sustainable Development Goals：SDGs）の17目標です[14]。これらの目標に共通する大きなポイントは，「インクルーシブ（包摂的）」という概念です。全世界のみんなに，平等な機会などが与えられる「エンパワーメント」，苦境からでも再起して歩もうとする「レジリエンス」，そして「リーブ・ノーワン・ビハインド（誰一人取り残さない）」という強いメッセージがSDGsには込められています。まるで，自由・平等・友愛が掲げられたフランス革命を彷彿させる概念ですが，フランス革命から200年超，我々人類はいまだこの理念を達成することができないばかりか，同時期にイギリスで生じた産業革命後は地球環境を悪化させ続けてきたのです。人類理念の再興と環境保全の責務，2015年に生まれたSDGsとCOP24パリ協定は，人類に残された最後の追試験なのかもしれません。

　ここまで企業の社会的責務について勉強してきました。企業の社会的責務は，SDGsを頂点として，その下部概念として責任投資原則としてのESGがあり，さらにその下部概念としてCSR活動があります。それぞれの概念がバラバラにあるのではなく，体系的に入れ子構造となっていることがわかります。たとえ些細と思われるCSR活動であろうとも，その上流の源泉はSDGsという大河につながっているのです[15]。政治や官僚機構はバーチャルであろうとも，それぞれの企業が，一人ひとりの社員が，利他の精神と社会的貢献に誇りを持ちリアルに活動することができれば，この受難の時代を必ずや乗り越えていけるのです。これが22世紀にむけての社会的責務といえます。

---

15）たとえばISO26000シリーズはSDGsを内包したマネジメント・システムである。

**メモ 3-5** わかりづらい SDGs をキーワード化

・SDG s 主要キーワード
- ➡ 包摂的（インクルーシブ）
- ➡ 自立性（エンパワーメント）
- ➡ 復元力（レジリエンス）
- ➡ 誰一人取り残さない（リーブ・ノーワン・ビハインド）

**メモ 3-6** SDGs をゴールとした CSR と ESG

## 3-4．まとめ

　ここでは，企業の社会的責務について勉強をしてきました。最近の動向として，「CSR（企業の社会的責任）の定義が広範化し重要性が増している」，「ポーターの CSV（社会的共創価値）は社会課題の解決が経済および社会に価値をもたらすという仮説である」，「国連の SDGs（持続成長可能目標）を最上位概念として CSR が展開される」，という急激な変化が起きています。これからの企業の社会的責務は，企業が世界市民の一員として，地球環境の保全を力強く牽引する啓蒙であることを認識しましょう。

# Chapter*4* 企業の目的と手段とは何か？

## 4−1. 目的：顧客の創造

　「企業の目的」について，みなさんと考えていきたいと思います。企業の目的は諸学説あり，さまざまな定義がなされていますが，経営学の父と称されるドラッカー[1] のそれが最も明瞭なアフォリズム[2] でありましょう。ドラッカーは企業の目的を，「顧客を創造すること」と定義しました。くわえて，ドラッカーはこの目的を達成するためには，「マーケティング」と「イノベーション」という二つの「手段」が欠かせないと説いています（この内容は次の節で勉強します）。

### メモ 4−1　神様ピーター・ドラッカーの至言

➡ 「企業の目的は顧客を創造することである」
➡ 「そのためにマーケティングとイノベーションが必要」
➡ 「会社は大きい事よりも良い会社である事が大事」
（ピーター・ドラッカー）

---

1 ）ピーター・ドラッカー（1909 年〜 2005 年）。米国でマネジメント論を中心に経営学を展開。経営学の神様と称されることもある。
2 ）明瞭簡潔に難解な機微を表現すること。

**メモ 4-2** 顧客創造＝マーケティング×イノベーション

　ただしドラッカーは次のような但し書きも忘れていません。企業の目的は顧客の創造ではあるが，それは企業を大きくすることを意味しているわけではなく，「良い会社にすること」であると論じています。大きいことは良いことだ，という考え方がいまだ経営の世界ではスタンダードなのかもしれません。確かに資本が大きいほど，マーケティングやイノベーションへの投資も円滑に進み，結果としての顧客獲得に有利に働くことは間違いないでしょう。また，与信の面からも大きい企業と取引をしたい企業は多いことも実情です。多くの学生も，良い大きい企業に就職したいのが本音でしょう。

　しかしながら，大きいからといって，良い企業なのか否か，これは実際に組織のなかに入り込まなければわかりません。超大手と言われる企業で過労死や自殺が相次いで報道されるご時世，意外と伏魔殿は多いものです。理想は「大きくて良い企業」なのでしょうが，なかなか天は二物を与えないものです。2020年末，年間所得が1,000万円を超える社員が多い企業のリストが公開されました

が，従業員数が 100 名以下の企業が多くリスティングされていました。以前は 100 名程度の企業はいわば論外的に扱われてきたように感じますが，時代の変貌を窺わせる出来事です。

　21 世紀，いや 22 世紀を見据えた企業観は，規模は大きくなくとも，企業の存在意義を明確にした経営理念，SDGs などを意識した社会問題解決型の事業の推進，仕事における完全なるジェンダーフリー[3]，WFA（Work From Anywhere）[4] などによる従業員の裁量権の増大，そして従業員の所得も適度な「良い会社」が増えることを予見します。すでに，このような企業は我が国の中堅中小企業やドイツのミッテルシュタント[5] にも見受けられます。コロナ禍を機に，このムーヴメントは加速し，大艦巨砲主義[6]，組織員が常に現場の泥縄で苦しむ白兵主義[7] のペーソス[8]，20 世紀までの組織的幻想はもはや消え去るのみといえましょう[9]。

---

3）男は外，女は内，など旧来の男女観を取り除いた状態。

4）WFH（Work From Home：在宅勤務）を一歩進め，いかなる場所でも仕事を可とする。さらに観光などをしながらの仕事も認める「ワーケーション」なども啓蒙されている。

5）ドイツの中小企業のこと。ドイツの中小企業は日本のそれと同じく，マイスター制度など底堅い能力を有する企業が多いと言われている。

6）第二次世界大戦時までは，大きな戦艦に大きな主砲をどれだけ積めるかが強さの尺度であった。たとえば戦艦大和と武蔵は世界最大の 46 サンチ砲を搭載。しかし現実的に機能したのは空母打撃群による空爆であり巨艦時代は完全に終焉した。

7）白剣による突撃戦術。兵隊の肉弾戦を意味する。乃木希典による 203 高地攻略戦など。

8）悲哀のこと。

32

## 4−2．手段Ⅰ：マーケティング

### （1）マーケティングの要諦：レビット

　ドラッカーは，企業の目的を顧客の創造と定義し，その手段とてマーケティングとイノベーションを必須要因としました。まず，マーケティングについて勉強しましょう。マーケティングという言葉は，それを聞かない日はないくらい，ビジネス，マスコミ，日常会話でさえも多用されています。しかし，その意味を十分理解している方は意外にも少ないのかもしれません。次節で勉強するマーケティングの定義は諸説ありますが，その前提としてレビット[10]が広めた至言を聴けば，多くの方がマーケティングという本質を理解することでしょう。その啓蒙的なフレーズとは，「顧客が欲しいのはドリルではなく穴である」という明瞭簡素なものです。

　この事例から考えると，顧客はドリルではなく，穴を開ける道具が欲しいのです。しかし得てして企業は，ドリルそれ自体で競合よ

---

9）米国では10億ドル以上の資産がある非上場企業「ユニコーン企業」や特別買収目的会社「SPAC」とM&Aさせる上場ありきの派手なビジネスが隆盛であるが，一方で規模に関わらず利益の追求と社会改善を目指す「ゼブラ企業」が注目を浴びている。「米国ビジネスラウンドテーブル」の企業目的も，株主第一主義からステークホルダー重視へ変更されている。米国でさえ，量から質へ，企業の在り方に大きな変革が生じている。さらに，企業ではなく国家レベルにおいてもブータンの「GNH」（Gross National Happiness：国民総幸福量），ニュージーランドのアーダーン首相による「国民幸福予算」など，QOL（Quality of Life）重視の政策に注目が注がれている。

10）セオドア・レビット（1925年〜2006年）。マーケティングの先駆的研究者。近視眼的マーケティングで有名である。

りもいかに多くのシェアを獲得し，いかに利潤を高め，いかに改良していくのか，そのことばかりに眼が奪われてしまいます。つまり，企業は顧客の純然たる「ニーズ」ではなく，ドリルという製品としての「シーズ」を主体に物事を考えてしまう傾向にあるのです。この偏重に陥ると，そこに顧客は不在となり，結果として顧客と製品の間には深い溝ができてしまいます。その間隙を縫い，もし，ドリル以外で簡単に穴があけられる道具が破壊的にイノベーションされてしまえば，ドリルのマーケット自体はすべてが失われることになります。

　記憶に新しい所では，ブラウン管を駆逐した 1990 年後半の液晶画面，2000 年代ではフィルムカメラからデジタルカメラ，2010 年代のガラケーからスマートフォン，そして 2020 年代，エンジンからモーターという自動車の激変が進行中です。顧客はブラウン管，フィルム，携帯電話，エンジンが欲しいわけではなかったのです[11]。したがって，顧客ニーズに合わせ自社製品のシーズをみずから変革できる企業は発展し，そうではない企業はそのマーケットから退却する運命にあります。レビットの示唆する啓蒙は，売り方やシェア，利益というテクニカルなスキルだけがマーケティングではなく，顧客の真のニーズは何か，という経営の原理原則を呼び覚ましてくれます。なお，マーケティングでいう「ジョブ」（Job to be

---

11) テスラはエンジンの代わりにスーパーコンピューターである統合 ECU
　　（中央演算装置）を搭載している。ソニーも EV 車をプレスリリースし，
　　アップルは本格的に EV 車市場に参入する。自動車業界は「ゲームチ
　　ェンジャー」の動きが活発である。

34

done）や，経営現場で用いる「潜在ニーズ」なども，レビットのいう「穴」と同義と考えて良いでしょう。

**メモ 4-3　ジョブは穴**

➡　「顧客が欲しいのは"ドリル"ではなく"穴"である」
（レビット）

**メモ 4-4　穴があけば道具は何でも可**

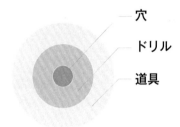

穴
ドリル
道具

**（2）-1　マーケティングの定義：一般論**

レビットの至言からマーケティングの本質を知ることができますが，一般的なマーケティングの定義も押さえておきましょう。多くのビジネス書で説明されているマーケティングの定義は，「売れる仕組み作り」，「顧客に価値を届ける一連のプロセス」，「顧客ニーズの調査から商品・サービスを創りだす顧客満足の達成」などです。

**（2）-2　マーケティングの定義：AMA**

一般的な定義の多くは，AMA（米国マーケティング協会）で定義されている，「顧客・依頼人・パートナー・社会全体にとって価値

ある提供物を創造・伝達・配達・交換するための活動であり一連の
制度そしてプロセス」を論拠にしています。したがって，マーケ
ティングの定義を何かの機会で使用することがあれば，AMA の定
義を根拠として引用することが良いでしょう。

## （2）－3　マーケティングの定義：コトラー

定義だけであれば AMA を根拠にすれば良いのですが，マーケ
ティング理論で外せないのが，学術的研究での第一人者であるフィ
リップ・コトラー[12] です。コトラーが掲げるマーケティングの定
義は，「個人や集団が製品および価値の創造と交換をとおして，
ニーズや欲求を満たす社会的・管理的プロセス」です。この内容
は，AMA の定義とほぼ差異はありません。

### メモ 4－5　巨匠コトラーのマーケティング定義

「個人や集団が製品および価値の創造と交換を
とおしてニーズや欲求を満たす社会的・管理的
プロセス」　　　　　　　　　　　　（コトラー）

## （3）－1　フレームワーク：4P

マーケティングを具体的に実践するために，基本的なフレーム
ワークについて勉強しましょう。まず「4P」と呼ばれるフレーム
ワークです。製品戦略（Product），価格戦略（Price），チャネル戦略
（Place），プロモーション戦略（Promotion），これら4つの頭文字を取

---

12) フィリップ・コトラー（1931年～）。現代マーケティングの大家である。

り４Ｐと呼ばれています。４Ｐは生産主体の「プロダクトアウト[13]」的な視点で，初歩的なマーケティングのフレームワークから，「マーケティング1.0」とも称されます。これらの４つのＰはいかなるビジネスでも基本的な必要条件ともいえますが，灯台下暗し，意外と基本を忘れるのが人間というものです。４Ｐをもちいて，マーケティング視点でビジネスの基本を検証することができます。

**メモ 4-6　作れば売れる 4P ＝マーケティング 1.0**

・4P＝マーケティング1.0
➡ プロダクト戦略
➡ プライス戦略
➡ プレイス戦略
➡ プロモーション戦略

## （3）－2　フレームワーク：4C

次のフレームワークは，「マーケティング2.0」とも呼ばれる，「４Ｃ」です。消費者戦略（Consumer），顧客コスト戦略（Customer Cost），コミュニケーション戦略（Communication），利便性戦略（Convenience），この４つの頭文字から成るものです。４Ｐは生産者の視点でしたが，この４Ｃは消費者目線からのマーケティング考察です。モノを作れば売れるマーケティング1.0の時代から，国全体の生活レベルが上がると消費者のニーズを捉えない限りモノは売れません。そこで４Ｃの視点が必要とされるのです。マーケットに入り込み消費者のニーズを観察分析しなければならないため，「マーケット・イン[14]」とも称されます。

---

13) 作れば売れるという旧来メーカーの考え方。

### メモ 4-7　消費者から見た4C＝マーケティング2.0

- ・4C＝マーケティング2.0
  - ➡ カスタマー戦略
  - ➡ コスト戦略
  - ➡ コミュニケーション戦略
  - ➡ コンビニエンス戦略

## （3）-3　フレームワーク：階層戦略

　ここまで4Pと4Cを勉強してきましたが，ここでは経営戦略とマーケティングの観点から，4Pと4Cの関係性をみていきましょう。マーケティングは経営戦略と密接に関わります。経営戦略については次章で勉強しますが，全社的な企業戦略に係るマーケティングは「戦略的マーケティング」と呼ばれています。また，全体的な企業戦略の下部概念は競争優位性を決する事業戦略となりますが，そこでは4Pと4Cの両方の視点から経営戦略と絡める「マーケティング・マネジメント戦略」というものがあります。これは「マーケティングミックス」とも称されます。このように経営戦略の階層と呼応して，マーケティングのフレームワークは応用されて行きます。

---

14) マーケットに入り込みモノづくりをする手法。「デザイン・イン」なども同じ概念。

## （3）－4　フレームワーク：実践

　4Pや4Cなどマーケティングのフレームワークは，どのように実践で使用されているのでしょうか。一般的な策定実行は4つのプロセスがあり　① SWOT（後ほど勉強します）などをもちいた「環境分析」　② 売上・利益・利益率・シェアなど具体的な「目標設定」　③ ターゲティングやポジショニング（後ほど勉強します）を用いた「標的市場選定」　④ そしてその内容を実行しフィードバックをとおして目標を実現する「マーケティングミックス」，の順序で進行します。企業ごとにマーケティングで使用される具体的フレームワークは異なりますが，概ね，このプロセスと相似すると考えて良いでしょう。

## （4）－1　コンセプトの変遷：マーケティング 1.0

　ここまでマーケティングの基本的事項を勉強してきましたが，そのマトメとして，マーケティングのコンセプトの変遷をみていきましょう。「4P」に代表される「マーケティング 1.0」は，「生産志向」すなわち製品と販売の視点が重要となります。これは経済の需要が供給を上回っている状態に有効なコンセプトです。たとえば新興国などに当てはまるもので，生産性の効率化で多くの製品を作れば売れる状態ともいえます。そこでは売るためのセリング（販売）が重視され，一連の流れは「プロダクトアウト」とも言われています。ただし，生産者だけの視点はマイオピア（近視眼）となり，消費者視点を疎かにしがちです。結果的に，消費者不在の製品は売れなくなってしまいます。これをマーケティング・マイオピアといいます。

## (4) －2　コンセプトの変遷：マーケティング2.0

　次の段階は需要が供給を下回る，経済発展後の経済状態でのマーケティングです。作れば売れる，という神話はすでに崩壊しています。このような状況になると，企業は「4C」の視点，つまり消費者のニーズに耳を傾ける「顧客志向」，いわゆる「マーケティング2.0」へと移行していきます。顧客のなかで重要な人物モデルを仮想する「ペルソナ」，顧客の商品・サービスへの認知（attention）・興味（interest）・欲求（desire）・行動（action）で購買心理を誘導する「AIDA[15]」など，マーケティング2.0のフレームワークは顧客の懐への入り込み，広義では「マーケット・イン」と呼ばれています。マーケット・インをとおして，企業はこれまでの一方通行の視点ではなく，双方向視点から社会課題への問題意識が徐々に芽生えていくことになるのです[16]。

## (4) －3　コンセプトの変遷：マーケティング3.0

　マーケティング2.0で社会への問題意識が高まると，企業は「社会志向」に進化していきます。企業と消費者の協働による製品開発（commodity），製品の廃棄時など環境問題も考慮したコストの設定（cost），多様な価値観を得るためSNSなどICTによるコミュニ

---

15) 認知（attention）・興味（interest）・欲求（desire）・記憶（memory）・行動（action）というAIDMA（アイドマ）もある。

16) 顧客の「口コミ評価」を重視したアドボカシーマーケティングというものがある。グレン・アーバン『アドボカシーマーケティング ―顧客主導の時代に信頼される企業―』を参照されたし。

ケーション（communication）[17]，ICT と実店舗の両方を活用したクリック＆モルタル（channel），これら４つの活動をとおして，社会志向を実現していくのです。この状態がマーケティング3.0 です。４つの頭文字を取り，「第２の４Ｃ」と呼ばれることもあります。

くわえて，コトラーはマーケティング4.0 も提唱しています。このコンセプトは，企業の社員それぞれが社会問題を解決するための製品を開発し，企業の社会性をさらに展開していくものです。マーケティング3.0 の社会志向と，新時代の生産志向の融合という所でしょう。ただし，マーケティング3.0 との差異が今一つ不明瞭にも感じます。先に取り上げたポーターの CSV（社会的共創価値）との関係性もどう捉えていけばよいのでしょうか。いずれにせよ，作るだけ，売るだけ，消費者を意識するだけではなく，環境など社会問題解決のために存在する企業という姿勢は，非常に素晴らしい時代の到来であると考えます。

---

### メモ 4-8　巨匠コトラーのマーケティング3.0 は社会全体を俯瞰

- ・コトラーのマーケティング3.0
  - ➡ 社会志向
    - ：企業＆消費者の協働商品（commodity）
    - ：環境を考慮したコスト（cost）
    - ：ICTによるコミュニケーション（communication）
    - ：クリック＆モルタル（channel）

---

17）UX（user experience）などもマーケティング3.0 で注目されたコミュニケーション手法である。間違いやすい用語で UI（user interface）があるが，これは PC の表示方法を指す言葉であり UX とは無関係である。

## メモ 4-9　マーケティング 1.0 から 4.0 へコンセプトの変遷

### （5）まとめ

　マーケティングの本質を因数分解すれば，「顧客が欲しいものはドリルではなく穴である」という至言にすべて集約されると思います。実務家にとって，これ以上に核心をつく言葉もないでしょう。予算など目先の数字も重要ですが，この本質を忘れずに諸事行動したいものです。さて，マーケティングはその状況の経済的背景と連動しながら，コンセプトを変遷させてきました。経済の黎明期はモノを作れば売れる環境にある傾向にあります。その状況は4Pなど生産者視点の製品志向，いわゆるマーケティング1.0 と呼ばれるものです。そこから経済が発展し，モノを作るだけでは売れない時代となります。そこで4Cなど顧客志向のマーケティング2.0へ進展するのでした。

　さらにコトラーは企業の商品・サービスが社会問題解決を実現すべく社会志向，要するにマーケティング3.0 とマーケティング4.0 の時代を論じています。ポーターのCSV（社会的共創価値）も含め，21世紀のマーケティングは，社会性ある商品とサービス，そして事業が求められていることが分かります。この方向性は，企業の存在意義の章でも述べましたが，企業は社会の公器であること，そして全包摂的なSDGsを実現する，人類史上においても重要なコンセ

プトになるでしょう。

## 4-3.　手段Ⅱ：イノベーション

### (1)-1　イノベーションの要諦：シュンペーター

　顧客を創造するための二番目の手段，イノベーションについて勉強しましょう。まず，イノベーションの祖といわれる「シュンペーター[18]」を外すわけにはいきません。シュンペーターはイノベーションを，「非連続な変化である」と定義しています。シュンペーターは，一世紀前に活躍した近代経済学の著名な学者です。彼は同時代に活躍したケインズのようなマクロ経済ではなく，企業活動すなわちミクロ経済を提唱する学者でした。彼の『経済発展の理論』はいまでも入手できる名著です。ぜひ一読されることをお勧めします。

　わかりやすくいえば，シュンペーターは，イノベーションはアントレプレナー（起業家）を起点とした経営資源の非連続な「新結合」であり，企業革新の源泉であることを説いています。経営資源とは，平たくいえば，企業が有する人・物・金・情報，という理解で良いでしょう。非連続の意味は，ひとつの線上につながる製品のラインアップや，必ずしも意図した計画に沿ったものではないということです。近い表現としては現場アイデアによる「創発」や「偶発」というものがあります。イノベーションというと「技術革新」と翻訳されることが多いのですが，技術に限定せず，社内外の経営

---

18) シュンペーター（1883年〜1950年）。オーストリアの経済学者。新結合による経済発展理論は現在に十分通用する斬新で普遍的な理論である。

資源のそれぞれが結合しあい，新たな価値を創出するという革新こそが，本来のイノベーションのコンセプトなのです[19]。

### メモ 4－10　経済学者シュンペーターのイノベーション観

「イノベーションとは"非連続な変化"である」
「イノベーションは経営資源の"新結合"」
「イノベーションは"アントレプレナー"が起点」
（シュンペーター）

## （1）－2　イノベーションの要諦：クリステンセン

「破壊的イノベーション」というコンセプトを考案したクリステンセン[20]は，イノベーションを「一見関係ない事柄を結びつけること」と定義しています。一見関係ない事柄の結びつけは，シュンペーターの非連続と相似するイメージといえます。また，クリステンセンはイノベーションを「インクリメンタル・イノベーション」（持続的イノベーション）と「ラディカル・イノベーション」（破壊的イノベーション）の二つに区分しました。クリステンセンの名著『イノベーションのジレンマ』では，新興企業のラディカル・イノベーションが既存企業の製品を駆逐し，マーケットすべてを変革してしまう可能性について論じています。

---

19) シュンペーターはイノベーションの種類を ①新しい財貨　②新しい生産方法　③新しい販売先　④新しい原料・半製品の供給源　⑤新しい組織，に分類した。これらは100年前の理論とは言い難く，DXによる第四次産業革命の渦中，まさにこの変革が起きている。
20) クレイトン・クリステンセン（1952年～2020年）。ハーバード・ビジネス・スクール元教授。破壊的イノベーションで一躍注目を浴びた。

## メモ 4－11　巨匠クリステンセンのイノベーション観

「一見して関係なさそうな事柄を結びつけること」
（クリステンセン）

### （2）破壊的イノベーション

　「イノベーションのジレンマ」とは，大企業は小さい事業を軽視しがちであり，事業や製品のカニバリズム（共食い）を回避する傾向にあることから，新規開発が停滞し，新興企業のイノベーションに敗北してしまうというクリステンセンの仮説です。たとえば，最近流行しているミラーレスカメラと一眼レフカメラの関係をみても，このイノベーションのジレンマが当てはまるでしょう。一眼レフカメラで市場をほぼ寡占的に分け合っていた大手Ｎ社とＣ社は，ミラーレスカメラ市場への参入に躊躇していました。主な理由は，一眼レフカメラの市場をミラーレスカメラがカニバリズムする可能性があったからです。くわえて，この２社は一眼レフカメラの本体だけではなく，一眼レフ用のレンズで高付加価値ビジネスを構築しており，一眼レフカメラ＋高付加価値レンズのビジネスモデルを自ら壊すことができなかったといえます。

　結果的に，一眼レフカメラ市場でシェアを持っていなかったＳ社が，ミラーレスカメラ市場の60％以上シェアを占有したのです。気がつけば，一眼レフカメラ市場そのものがミラーレスカメラの市場へと変貌してしまいました。後塵を拝したＮ社とＣ社は，いま，Ｓ社の牙城を崩そうと必死です。もし，Ｎ社とＣ社がＳ社と同時期にミラーレスカメラ市場を展開し，なおかつ，一眼レフカメラのレンズをミラーレスカメラに使用することを許諾していれば，すでに獲得していた一眼レフのユーザーは所有するレンズ資産を活かす

ため，Ｎ社とＣ社のミラーレスカメラを購入したことでしょう。Ｎ社とＣ社のイノベーションのジレンマは，業績的に大きな痛手を残すこととなりました。

**メモ 4 - 12　イノベーションのジレンマが　破壊的イノベーションに敗北**

・**イノベーションのジレンマ**
　➡ **大企業は小さい事業を軽視**
　➡ **カニバリズムを懸念**
　➡ **新規開発が停滞**
　➡ **破壊的イノベーションに敗北**

## （3）−1　イノベーションの一般論：類型

　イノベーションのコンセプトについては，シュンペーターとクリステンセン，この2大巨匠のコンセプトを理解しておけば良いでしょう[21]。しかしながら，最後に，一般的なイノベーションの知識についても押さえておきましょう。一般的な教科書に出てくるイノベーションの類型は，「プロダクト・イノベーション」（製品革新）と「プロセス・イノベーション」（工程革新）に大別されます。プロダクト・イノベーションは製品を革新すること，プロセス・イノベーションは製造工程などの革新を意味します。

　しかしながら，自社に既存製品が展開している場合，その製品と

---

21) イノベーションをさらに理解するためには，ピーター・ドラッカー
　　(2007)『イノベーションと企業家精神』ダイヤモンド社，を参照すべし。

工程をいくらイノベーションしようとも,「イノベーションのジレンマ」が起これば，すべては気泡に帰してしまいます。これまでの製品・工程イノベーションとはイノベーションではなく，単なる改良やKAIZEN（改善）に留まっていたことが多いのかもしれません。たとえば，ウォークマンでイノベーションを起こした企業から，ネットを活用した音楽配信を前提としたiPodは生まれませんでした（正確にいえばiPodのようなものを先行開発していたのですが，経営判断で後手に回ったと言われています）。同様に，ハイブリッド自動車を世に先駆けて市場に投入した企業から，EVはイノベーションされませんでした（正確にいえばEVなどはすでにあったがハイブリッド戦略を堅持しているため）。我が国の場合，世界に先んじてイノベーションを起こすことは多くありますが，その後は「KAIZEN」がモノづくりの主眼となってしまい，ラディカル・イノベーションが巻き起こらず，新興企業に足元をすくわれる状況が続いていると考えられます。

## （3）－2　イノベーションの一般論：その他

　イノベーションのその他の概念について取り上げてみましょう。まず，実際のビジネス現場でよく聞くものとして「オープン・イノベーション」というものがあります。これは企業間の連携によるイノベーションという意味で使われています。たとえば複数の企業がそれぞれ有する特許やプラットフォームなどを活用し，ひとつの製品やビジネスモデルを構築するものです。似たような企業間連携の概念に，アライアンス，コラボレーション，ビジネス・エコシステム，産学官共同，コンソーシアム，ジョイントベンチャーなどのコンセプトがあります。いずれにせよ，オープン・イノベーションは複数の企業が集ま

り，イノベーションを起こそうというコンセプトです。

　一方で，「クローズド・イノベーション」があります。これは，複数ではなく自社のみの「自前主義」でイノベーションを進めるという考え方です。これまで多くの企業はクローズド・イノベーションで開発を行い，特許などの情報が漏れないように展開するのが常でした。たしかにクローズド・イノベーションは情報漏えいのリスクをヘッジしながら開発を進める点は利点ですが，オープン・イノベーションのように幅広い知見を取り入れることはできません。関連する用語に「NIH症候群」（Not Invented Here Syndrome）というものがあります。これは自前で開発されたもの以外を否定し，多様性がない組織の症状を指します。ただし，オープン・イノベーション，クローズド・イノベーション，どちらが正しいかではなく，対象となるイノベーションの本質や協業企業との関係性を見極めた上で，その開発形態を適宜採用していくことが適切といえましょう。

　最後にもうひとつ，「リバース・イノベーション」という用語があります。オープン・イノベーションとクローズド・イノベーションとはまったく関係がないコンセプトです。しかしオープン・イノベーションとクローズド・イノベーションと表現が似ており，紛らわしいことから，取り上げておきたいと思います。リバース・イノベーションとは，グローバル企業が新興国仕様で開発した製品が，先進国へ製品として還流されることを意味します。我が国で開発した製品は「ガラパゴス」と揶揄され，海外のニーズにマッチせず，国内でのみ流通することが多々あります。国内の製造現場と開発部門さえも国内空洞化するなかで，グローバル企業が外地で開発した製品が我が国へ還流しスタンダードとなることも一般的になってき

ました。たとえば，ある電機メーカーの液晶テレビなどは，汎用版は中国で開発・製造されたものが，国内の量販店で販売されています。すでにリバース・イノベーションは一般化しているのです。

**メモ 4-13**　オープン・イノベーションか
　　　　　　　クローズド・イノベーションを選択
　　　➡ オープン・イノベーション
　　　　：企業間連携
　　　➡ クローズド・イノベーション
　　　　：自前主義

## （4）まとめ

　イノベーションの本質を理解するには，シュンペーターの「イノベーションとは非連続な変化である」という至言と，クリステンセンの「一見関係ないように見える経営資源の新結合」というコンセプトを押さえておくことが必要です。そして，クリステンセンの鋭敏な指摘のように「破壊的イノベーション」が時代を大きく変革するのです。それはエンジンから EV への破壊的イノベーションの事例にとどまりません。我々はいま，コロナ禍と DX が，商品やサービス，社会と国家，そして世界全体の「変革」を加速度的に進展させていることを目の当たりにしているのです。広義の破壊的イノベーションが，いま，ここにあるのです。

## 4-4．イノベーションとベンチャー

### （1）ベンチャーの定義

　イノベーションと切り離せないコンセプトが「ベンチャー」です。もともとの語源は Adventure（冒険）です。経営学的にいうと，「革新

（イノベーション）を基軸とした新ビジネス」という定義になります。つまり冒険心を持った者が，革新を基軸とした新ビジネスを展開するということです。冒険的事業はリスクも多く存在します。有名な事例では，1960年代に米国で行われたアポロ計画の「ムーンショット」でしょう。日本語では「月に向かって打て」，当時のケネディ大統領が主導した国家プロジェクトでした。すでにライバルのソ連が有人宇宙飛行を果たしたなかで，有人飛行かつ月面着陸させるというアポロ計画は，国家の威信をかけたリスクの高いプロジェクトでありました。結果として賭けは成功するのですが，ケネディ大統領のリスクを取る意思決定と熱量は，いまでもムーンショットという言葉と共に，ベンチャー起業家のひとつの支柱となっています。

**メモ 4−14** 　　**月に向かって打つのがベンチャー**

> ➡ ベンチャー
> 　：革新からの新ビジネス
> ➡ ムーンショット
> 　：既存常識を変える革新

## （2）ベンチャーの主体

　ベンチャーの主体は大別して二つあります。ひとつはゼロから企業を創造する「アントレプレナー」，いわゆる「起業家」と呼ばれています。起業家はゼロの状態から新たな事業を創造します。人・物・金のリスクを背負い企業を起業，すなわち「スタートアップ」するのです。もうひとつの主体は，既存の企業や組織のなかで，新たな事業を創造する「イントレプレナー」です。これは「企業内起業家」とも言われています。要するに，既存組織の経営資源を活用

50

して新たな事業を創造するもので，「社内ベンチャー」とも呼ばれ
ています。二つの環境は異なるものの，その精神はムーンショット
に通底したもの，つまり起業を実現しうる強い信念がそこに存在し
ているのです[22]。

**メモ 4−15** **アントレプレナーとイントレプレナーが
ビジネスの創造者**

➡ **アントレプレナー（起業家）**
➡ **イントレプレナー（企業内起業家）**

## （3）ベンチャーのプロセス

ベンチャー企業をスタートアップしたものの，平坦な道のりを歩
むわけではありません。多くの企業や事業が紆余曲折のなかで死に
絶え，生存確率は高くはありません[23]。ベンチャーのプロセスは，
まず，アントレプレナーから新たなアイデア，「シーズ」が生み出
されます。このシーズは，新たな市場ニーズを標ぼうして創造され
た商品・サービスです。しかし，そのシーズがたとえば技術的に可
能なものか，新たな市場ニーズを満たすかどうか，実際のところは
わかりません。シーズがニーズとマッチングしそうだ，行けそう

---

22) シュンペーターは，革新的企業家は既存文化と伝統的慣習から逸脱す
ると論じた。また，米国経済学者バート・ホゼリッツは，マイノリティ，
異教徒，異端派から革新的企業家が出現することから，彼らを「マー
ジナルマン」（境界人）と呼称した。
23) 起業5年後の生存率は40％程度と言われているが，計算根拠がそれぞ
れ異なり定かではない。また，企業は30年で90％が倒産するという「企
業30年説」もある。

だ，というプロセスを経なければなりません。このプロセスを「魔の川」（デビルリバー）といいます。

　幸運にも魔の川を渡った後は，シードを開発・事業化するためスタートアップの段階に入ります。この段階では，新しい事業に人・物・金・情報が集まります。言い換えれば，アントレプレナーはシーズを開発・事業化するだけではなく，これら経営資源のマネジメントもしていかなければならないのです。しかしスタートアップ時の荒削り組織ほど，経営者が多くのリスクに対処するパワーを醸成する時期はないでしょう。この厳しい段階を「死の谷」（デスリバー）と呼びます。いかなる困難にも，アントレプレナーは起業の夢，やりがい，使命感を明日へ投企し進む他ありません。

　熱意と幸運で死の谷を越えることができれば，市場競争という「ダーウィンの海」（ダーウィンシー）が待ち構えています。この段階では，アイデアからシーズ，開発から事業化と経てきた商品・サービスが，ついに実戦へ投入されることになります。販売競争もさることながら，競争優位のための新製品も開発しなくてはなりません。企業としての正常な循環に入るのです。ただし注意すべきは，スタートアップ企業はいわゆる一発屋で終わりかねないということです。最初のシーズは成功したとしても，次のシーズが振るわない場合，一気に業績も悪化してしまいます。これを「キャズム」（溝）といいます。スタートアップの際には，すでに次なる商品・サービスを構想しておかなければならない，ということです。

## メモ 4-16　魔の川からキャズムを凌駕

- ➡ 魔の川：シードとニーズ
- ➡ 死の谷：開発から事業化
- ➡ ダーウィンの海：競争市場
- ➡ キャズム：溝

### （4）金融のJカーブ曲線

　ベンチャーはゼロから創業のため，最初は資金力がありません。もし成功したとしても，お金を貯めていくというよりは，次の商品・サービスへの投資をしなくてはならず，金融政策はベンチャーの生命線となります。アイデアの「シード期」は，スタートアップ期の資金を集める段階です。自己資金，親族からのスイートマネー，VC（ベンチャーキャピタル），さまざまなファンドから資金をかき集めます。金融機関からの融資がシンプルに思えますが，なかなかそうはいきません。売上も立っていない企業への貸し出しはリスクが高いのです。個人保証や他の会社などの連帯保証がない限り，一般的な金融機関からの融資は難しいのが未だ現実です[24]。

　企業を登記した後の「スタートアップ期」は，資本金として集めたお金が，とかく加速度的になくなっていきます。ビックリするくらいのスピードでなくなります。創業のために集めた人・物・金・情報に係るものですが，ほとんどは設備投資と人件費と考えて良いでしょう。最初の1年から3年目までは計画通りに物事は運ばず，売上は厳しい状況と考えましょう。間違っても，最初から恰好をつけて銀座青山などに事務所を構えてはなりません。3年間は我慢の

24）例外的に日本政策金融公庫は起業支援のための融資を強化している。

子です。そして資金流出を抑える「損益分岐点」を計算し直し，月次の損益計算書を黒字化することに専心しなければなりません。次に年次での損益計算書の黒字を目指します。当然，前提としては資金繰りの正常化が必要となります。経営者はみずからの余興を削り，土日も会社に出勤，厳しい資金繰りと格闘することになります。しかし経営者はこの苦難の修行で，ほとんどの経営能力を身に付けることができます。極端な言い方をすれば，あとは応用としてのアナロジーでしかありません。苦難を経て3年目までに損益計算書の黒字，5年目までに繰越損失が解消できれば，スタートアップ企業として軌道に乗る流れとなるでしょう。

　スタートアップ期を乗り越え，「急成長期」を迎えることができれば，政府系金融機関や追加のファンドなどの選択肢も増えてきます。損益分岐点は安定し，損益計算書は大幅な黒字も達成できるかもしれません。メガバンクなどは声をかけなくても甘い蜜に近寄ってきます。雨降って傘貸さず，晴天なれば傘を貸す。世の中などは大概そのようなものと悟るでしょう。ただしこの時，決して贅沢をしてはなりません。損益計算書の黒字と資金繰りは一致しないからです。むしろ急成長期は販売管理費が急増し，売上金の回収よりも多くの資金が先に出ていってしまうのです。経理事務は社員に任せることになりますが，月次から半年，1年から3年後，これらの短中長期の資金繰りは，経営者が把握し戦略と共に意思決定をすべき内容です。急成長期こそ多くの場面で隙が生じるのです。この時期の経営者は思慮深く慎重であるべきです。ホンダ技研の藤澤武夫，ソニーの盛田昭夫のような「番頭」は，現代には皆無と考えた方が正解です。スタートアップ期から急成長期まで，経営者は孤独と苦

しみの連続です。しかし代わりの経営者などはいないのです。あなたにしか経営はできないのです。

　このラディカルな時期を乗り越えれば「安定成長期」に入ります。資金繰りと損益計算書は安定し，最終的には貸借対照表も綺麗になります。信用は向上し，ファンドなどが主導するIPO（株式公開）も視野に入るでしょう。さらに社歴を重ねることができれば，創業者の薫陶を受けた後進の経営者などが活躍する「第二成長期」の時代となります。ここまでの段階と金融の関係は「J」のような文字となるため，経営学では「Jカーブ」と表現されます。ただし急成長期の後，先述したキャズム（溝）に陥ることもあります。原因は商品・サービスの低迷などに見えますが，その原因を因数分解していけば，組織の成功体験への埋没，守旧派と革新派の内部抗争，経営者の怠慢などが多々見うけられるはずです。正直にいえば，いかなる組織もこのキャズムを回避することは難しいとは思います。それが組織の宿命というものです。したがって，いかにキャズムを乗り越え，損傷が少なく，むしろ組織の学びとして活かせるかが課題となるでしょう。これこそ，まさに経営者の手腕が試される場面でもあります[25]。

　アイデア，シード，スタートアップ，急成長，キャズム，安定，第二創業までに超えるべき課題，そして金融のJカーブを見てきました。夢あれど経営の非情さが垣間見える内容ともいえるでしょ

---

25) 来るべきキャズムに対して，「知の探索」と「知の深化」を高次でバランスさせ既存事業と新規事業を探究する「両利きの経営」などを参考に組織を鍛えておくべきである。

う。アントレプレナーから一角の企業家になった経営者は，このような戦歴を重ねてきているのです。そして子会社や新規事業を立ち上げるイントレプレナーも，メタファーな経験をしています。彼らのキャリアは，正確な知識，冷静な判断，勇気ある行動の蒸留であり，まさに「ローマは一日にしてならず」ということです。企業と事業を創造するアントレプレナーとイントレプレナーは，企業社会の至宝といえましょう。かのカエサルは「賽は投げられた」[26]と宣言し，ルビコン川を渡り戦いに勝利しました。起業も同じく，川は渡れても，谷を越えても，大海原に出ても，勝つかどうか，勝ち続けるかどうか，負けても軽傷で生き残れるのか。しかしながら，夢と勇気をもって「賽」をふることができる，この簡単で，もっとも難しい能力こそ，起業家にとっての必須要件なのです。

**メモ 4－17　カネの流れが見える
ベンチャープロセスと金融Jカーブ**

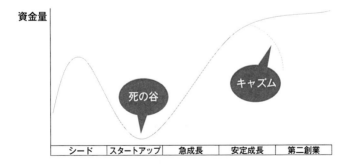

---

26) カエサル（B.C.100 ～ B.C.44）。ローマ帝国の軍人，政治家。元老派との闘いを決断するためにルビコン川を渡る際に発言したとされる至言。腹をくくる際に使われる。

## （5）ベンチャーのモノづくり思想

　ここまでベンチャーの本質について述べてきました。ここからは補足として，ベンチャーを論ずる上で必要と思われる用語とコンセプトを取り上げていきます。まずは，二つの「モノづくりの思想」についてです。ひとつ目の「インテグラル型」は「摺合せ」を意味しています。インテグラル型は，我が国の自動車技術をイメージするとわかりやすいでしょう。我が国の自動車製造は企画段階から部品サプライヤーなどと幾度も摺合せを進め，開発に非常に長い時間を要します。そのため調整コストがかかりますが，品質は極めて高く，燃費など他国では模倣困難な技術的優位が多くありました。

　しかしながら，インテグラル型の優位性は，すでに絶対的なものではありません。開発に長い時間を要してきた自動車は，ふたつ目の「モジュール型」というコンセプトの下，開発期間の短縮が常となりつつあります。モジュール型は，組み合わせとインターフェースの標準化により，開発時間を大幅に短縮できるというものです。たとえばエンジンから EV という破壊的イノベーションにより，インテグラル型を主としてきたエンジン搭載の自動車メーカーは苦戦し，テスラのような新興 EV 自動車メーカーが勃興しているのです。以前であれば，エンジンを模倣することは至難の業でしたが，EV はモーターのモジュールを乗せるだけです。ベンチャー企業でも自動車を作ることができるようになりました。モジュール型の欠点でもある，無駄な部品や規格制約についても，モジュールを基盤としたセミカスタムによる対応や，既存メーカーがもたつく間に，エンジン開発に弱みを持っていた中国などが国をあげて EV のディファクト・スタンダードつくりに躍起になっています。これにより

インテグラル型が否定されるものではありませんが，モジュール型が猛威を振るうなか，インテグラル型でかかる時間とコストを回収できる商品・サービスは，これまで以上に開発と競争優位性のハードルが高くなっていることは言うまでもありません。

### メモ 4-18　インテグラルがモジュールに敗北

➡ インテグラル型
　○　摺合せ（すりあわせ）/ 模倣困難
　×　開発長時間/ 調整コスト増

➡ モジュール型
　○　インターフェース標準化 / 開発時短
　×　規格制約

## （6）ベンチャーの協働と規格

　モジュール型を取るベンチャー企業が，複数の企業でインターフェースを共有し，開発スピードと投資を少なくする協働形態を「オープン・アーキテクチャ」と呼びます。イノベーションの節でも論じたオープン・イノベーションとほぼ同じコンセプトと考えて良いでしょう。これらの形態は事実上の業界標準，いわゆる「ディファクト・スタンダード[27]」を獲得することが生命線となります。そのため，スタートアップ当初から広告などに多額の資金を投入し，市場へ強力に攻勢をかけます。短期決戦ともいえるこの手の手法は，当たると一気呵成に大きい効果をもたらしますが，外れれば

---

27）欧米の考え方は法律ではなくスタンダード（基準）である。たとえば車両のウインカーレバーの位置は JIS が右，ISO は左である。なお，JIS や ISO などの公的規格は「デジュリ・スタンダード」と言う。

言わずと知れた結果となります。

## (7) ベンチャーのネットワーク組織

　ベンチャーで協働を行うためには，その関係性の形態を選択する必要があります。ここではベンチャーに関連するネットワーク組織の形態を取り上げたいと思います。まず，「ジョイントベンチャー」です。これは企業統合，要するに M&A を基本的に前提とした提携となります。しかし異なる企業が一緒になることは，往々にして簡単なものではありません。つぎに，「TLO」（大学等技術移転）による共同研究や産学官連携も，コスト低減という視点からベンチャー企業には有益なネットワーク形態といえます。ただし民間企業と，大学や行政との一般常識の差異は大きく，私の知る限り，成果は限定的といえます。特に大学という所は浮世離れしている所です。たとえば特許権などで契約書を取り交わしていたとしても，企業としては十分な警戒が必要です。つまり民間企業とは常識が異なる宇宙人とでも考えた方が良いのです。彼らは都合が悪くなれば，「学の独立」を錦の御旗に首尾よく事実を歪曲することもいとわない，それが大学というものであるというリスクを熟知しておくべきです。

　他には，それぞれの持つ特許を相互活用する「クロス・ライセンシング」，SNS などのサイトでビジネスに場所を提供する「プラットフォーム・ビジネス」，シリコンバレーやハリウッドなどの「産業クラスター」，コラボレーターが集まりプロジェクトなどを推進する「ビジネス・エコシステム」，大企業が新興企業へ技術協業や出資をして加速度的に事業を前進させる「アクセラレーター・プログラム」，ソフトウエアの専門家が集中作業して開発をする「ハッ

カソン」，共創を意味する「コクリ」（co-creation），協調（cooperation）と競争（competition）を組み合わせた「コーペティション」など，多数のバズワードともいえるような用語が氾濫しています。ベンチャーは時流の勢いに乗ることが大切ですが，バズワードなどの言葉に踊らされることなく，慎重にビジネスの本質を見極めながら推進することも経営者として重要な役割です。

**メモ 4－19　ベンチャーを取り巻く愉快な仲間たち**

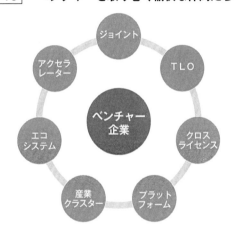

**（8）まとめ**

　ここまでベンチャーについて勉強してきました。まず，「ベンチャーとは革新（イノベーション）にもとづく新ビジネスである」という定義を押さえておきましょう。そして，ベンチャーの主体として，ゼロから新ビジネスを創造する「アントレプレナー」と，既存組織内で新ビジネスを創造する「イントレプレナー」が存在しま

す。彼らは新たなビジネスを創造する社会の至宝といえます。ただし，新ビジネスの創造は容易なものではありません。アイデアというシードを育成し「魔の川」を渡ったとしても，商品・サービスの開発と事業化という「死の谷」を超えなければなりません。さらにその先も厳しい資金繰りと共に，市場という大海原で「ダーウィンの海」を泳ぎ切る必要があるのです。

　我が国の企業数は少し前に420万社あると言われていましたが，現在は360万社を下回っていると推計されています。創業者の高齢化，後継者不足，経済の空洞化，失われた20年，そしてコロナ禍があり，雪崩をうっての企業数減少が予測されています[28]。この状況下，主に中小企業の隠れたるノウハウと雇用維持の観点から「中小企業成長促進法」が施行されました。この法律は中小企業の事業承継の障壁を軽減し，いわゆるM&Aを促進し廃業の前にビジネスの存続と雇用保持を後押しするものです。ただし，このような政府の計画が思い通り進展するのでしょうか。私の考えですが，政府が民間企業に関与すると，ロクなことがありません。政府の施策がなくても，新ビジネスの創造へ夢と希望を持つ起業家が多く出現することを確信しています。

---

28)　2017年中小企業庁のデータによると，今後10年で70歳を超える経営者が60%（245万人），半数が後継者未定，2025年まで約650万人の失業と約22兆円のGDPが毀損されるという。なお，後継者不足廃業は年間約7万社あり，その約5割が黒字企業という。政府はM&Aや劣後債投入による企業承継を目指している。単に「ゾンビ企業」が倒産・廃業しているわけではない実情がわかる。

# Chapter5 経営戦略とは何か？

## 5−1. 工芸としての経営戦略

　ここでは，経営戦略について勉強していきたいと思います。ま
ず，経営戦略論の著名な学者であるミンツバーグ[1]の至言を取り
上げてみましょう。彼は，「経営戦略は工芸的に創作され，実効性
の高い経営戦略が生まれてくるプロセスである」と論じています。
非常に抽象的で理解に苦しむフレーズですが，「工芸的」と表現し
ている所から経営戦略の本質を感じ取ることができます。つまり経
営戦略は人間の「創造力」から生まれるということです。さらに，
経営戦略は工芸的創作の「プロセス」であるというのです。このコ
ンセプトを頭のなかにクリッピングした上で，この章の勉強を進め
ていきましょう。

### メモ 5−1　経営戦略は工芸的な創作だ！

➡ 「戦略"工芸的"に創作されるというイメージこそ，
　　実効性の高い戦略が生まれてくる"プロセス"を表
　　している」

(ミンツバーグ)

---

1）ヘンリー・ミンツバーグ（1939 年〜）。ポーターと並ぶ世界的な経営戦
　略論の大家である。

## （1）経営戦略の要諦

　ミンツバーグは，「経営戦略とは CEO がパースペクティブ（展望）を創造するものである」と述べています。大きな企業の場合，経営戦略は社長すなわち CEO ではなく，事業部長や企画室のスタッフラインが策定することが多々あります。また，外部のコンサルティング会社と協働して策定される場合，CEO としてのパースペクティブはかなり希薄化されてしまいます。ミンツバーグはこのような傾向に警鐘を鳴らし，CEO はみずからのパースペクティブを経営戦略にぶつけるべきと論じているのです。先述したコンセプトから鑑みれば，経営戦略とは CEO が自分自身で行う工芸的な創作であるということです。トップが魂を込めない経営戦略に，いったい誰が共感するというのでしょうか。2008 年のリーマンショック，2011 年の東日本大震災，2020 年のコロナ禍，これらの大きな有事に限らず，CEO は常に経営戦略としてパースペクティブを強く打ち出さなければならない，これが CEO の重要な責任ということでもあるのです。

## （2）戦略 ≠ 計画

　さらにミンツバーグは，「経営戦略は計画ではない」と論じています。このフレーズは単なる言葉遊びではなく，経営が抱える根深い課題をはらんでいます。往々にして，経営の現場では経営戦略と計画とが混同される傾向にあります。攻略目標としての経営戦略が存在し，その機能としての計画があれば問題はないのですが，よく見受けられるのが「戦略なき計画」です。特に日本企業は，ポーターなど欧米学者から「日本に計画はあるが戦略がない」と揶揄されることもしばしばです。戦略という目的なくして機能としての計

画が作れる日本人は器用ともいえますが，上層部は役立たずの無責任，問題はすべて現場の泥縄で対応する「日本株式会社」を象徴している皮肉でもありましょう。

　省みれば大東亜戦争の南方戦線，福島原発事故など，戦略なく現場の泥縄で凌いだ事例は枚挙にいとまがありません。遡れば203高地での白兵主義による成功体験への埋没が，パースペクティブという目的を無意味化してしまったのかもしれません[2]。特に日本人が作る大組織には無謬性の原則[3] が至る所で横たわっています。しかし，だからこそ，CEO はみずから経営戦略を策定し，そこに強いパースペクティブという魂を込めなければなりません。その上で，はじめて戦略と連動した機能としての計画が立案，実行，成果を上げることができるのです。

### メモ 5-2　巨匠ミンツバーグの経営戦略観

- ➡ 「経営戦略とはCEOがパースペクティブ（展望）を創造するものである」
- ➡ 「経営戦略は工芸的な創作である」
- ➡ 「経営戦略は計画ではない」

（ミンツバーグ）

---

2) 堺屋太一『組織の盛衰』（1996）などを参照のこと。
3) 失敗した時のことを考えず政策立案してしまう大組織における無意識の前提。山本七平『空気の研究』（1983）などを参照のこと。

## （3）経営戦略の目的

　経営戦略にはいくつかの種類がありますが，主なものとして，企業が「持続的成長」するための「全社戦略」と，ライバルに打ち克つための「競争優位」としての「事業戦略」，この二つの大きな経営戦略が存在します。コンセプト的には，企業全体の経営戦略である全社戦略の下部概念として，事業部門ごとに展開される事業戦略があります。つまり全社戦略という目的と，その手段としての事業戦略という関係性です。その他の経営戦略については，後ほどの章でくわしく勉強します。いずれにせよ，全社戦略＝持続的成長，事業戦略＝競争優位，という意味合いを押さえておきましょう。

**メモ 5-3**　全社戦略＝成長

**メモ 5-4**　事業戦略＝競争優位

## （4）まとめ

　ミンツバーグは，経営戦略は CEO がみずから策定すべきと論じています。同時に，CEO がパースペクティブ（展望）を強く示すべきであると述べています。CEO の魂なき経営戦略は無味乾燥ということです。また，経営戦略そのものは計画ではなく，この二つの区別を明確に理解すべきとしています。なお，経営戦略は大別して二つあり，成長戦略を実現する全社戦略と，ライバルとの競争優位を具現化する事業戦略があります[4]。

# 5－2．経営戦略ピラミッド

## （1）経営戦略は入れ子構造

　経営戦略は階層的なものです。その階層的な関係は，「経営戦略ピラミッド」として見ることができます。経営戦略のもっとも上の概念には，企業のあるべき姿を示す「経営理念」が存在します。つまり経営戦略の究極の目的とは，経営理念の実現にあるということです。次に，経営理念の下部概念として「経営ビジョン」があります。経営理念を具体化するための方針や大きな KPI (Key Performance Indicator) を示したものです。その下に，企業の成長戦略である「全社戦略」があります。さらに，全社戦略をより具体的に達成するための「事業戦略」があるのです。くわえて，その下部に，部門別や事業別に事業戦略を展開する「機能別戦略」というものがあり

---

[4] ここではミンツバーグのみを取り上げているが，ポーターは「経営戦略の本質は何をやらないかを選択すること」と述べている。高尚な学者の至言は示唆に富むことが多い。

66

## メモ 5-5　経営戦略ピラミッドは入れ子構造

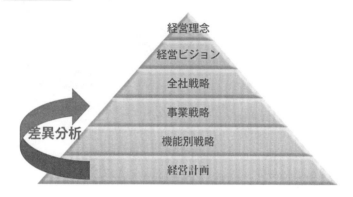

ます。このように，経営戦略は上部概念を実現するため，下部概念が入れ子構造的に構成されていることがわかります。したがって，それぞれの経営戦略を分断してはならないのです。

### （2）経営戦略という言葉の定義

　ビジネスの現場では「経営戦略」という言葉が多用されますが，気を付けるべきは，その経営戦略がいったい何を指しているのか，ということです。たとえば社長のいう経営戦略は全社戦略であり，しかし事業部長の思う経営戦略は事業戦略であって，さらに部門長の経営戦略は機能別戦略である場合，同じ経営戦略という言葉を話していたとしても，会話は成立していないことになります。経営戦略を経営ピラミッドにより事分けした上で，現場では経営戦略という用語を使う必要があります。

## （3）計画との関係性

　計画とは経営戦略ではなく，経営戦略という目的を数値として展開するための手段，ということは本書ですでに勉強をしました。この関係性は，全社戦略は「中期経営計画」，事業戦略は「全社予算」，機能別戦略は「部門予算」というような計画として遂行されます。計画とは，数値で測定したら終わりではなく，計画と実績の差異を丁寧に分析してこそ，はじめて計画の価値が出るのです。要するに，「差異分析」を次の戦略策定へ「フィードバック」して活かさなければ，計画の価値はほぼゼロということです。経営者は計画の結果だけに一喜一憂してはなりません。なお，計画はPDCAなどのフレームワークで展開されますが，マネジメントの具体的なフレームワークについては次の章で勉強します。

### メモ 5-6　差異分析なくして計画は無価値

- ・計画と差異分析
  - ➡ 計画
    - ：中期経営計画 / 全社予算 / 部門予算
  - ➡ 差異分析
    - ：計画をPDCA / フィードバック

## （4）まとめ

　本節では経営戦略の種類について勉強しました。まず，経営理念が経営戦略の最上位概念であることを押さえておきましょう。経営理念 → 経営ビジョン → 全社戦略 → 事業戦略 → 機能別戦略，これらの経営戦略は別々のものではなく，階層的な入れ子構造状につながっています。また，経営戦略はそれぞれの階層の計画によって

具体的に展開されます。そして，計画と実績の差異分析は，次の戦略策定にフィードバックされます。

## 5－3. 経営戦略フレームワーク：主要なフレームワーク

### （1）－1　環境分析：3C

　ここでは，経営戦略を策定する時に有用な，いくつかのフレームワークを取り上げたいと思います。まず，「3C」と呼ばれるフレームワークです。経営戦略の市場環境分析を行う際，自社だけを見つめていても主観的な経営戦略に陥ってしまいます。そこで，「Company」（自社）から内部分析を行うだけではなく，「Customer」（顧客）と「Competitor」（競合先）の外部分析も含め，3つの視点から客観的な分析を行う必要があります。このフレームワークは半世紀以上の歴史を持ちますが，いまでも活用される市場環境分析の本質的なフレームワークです。

### （1）－2　環境分析：4C

　3Cを進化させた「4C」というフレームワークも存在します。4Cは，Company（自社），Customer（顧客），Competitor（競合先）という3要素に，「Collaborator」（提携先）を含めた考え方です。このコンセプトのポイントは，提携先を自社の内部資源として捉えているということです[5]。自社以外を自社の内部資源とすることなど，不埒

---

5）一般的な企業提携には，生産物流販売など特定活動提携の「アライアンス」，商品を共同開発製造する提携の「コラボレーション」，複数企業が商品開発などで提携する「エコシステム」，民間企業と大学や行政との提携である「産学官連携」がある。

で勝手な話と思うかもしれません。しかし本書のイノベーションやベンチャーの箇所で勉強したように，他社との連携は現代の経営にとって非常に大切な要素なのです。ビジネスの諸行無常と流転速度はコロナ禍で一段と加速度を増しています。もはや一社による自己完結型ビジネスではなく，コーペティション[6)]のように競合同士でも協働してイノベーションを展開する時代が到来しているのです。

**メモ 5-7** **コラボレーターとの連合艦隊４Ｃ**

### （2）－１　内部・外部環境分析：SWOT

　SWOT（スウォット）は，戦略策定のフレームワークでもっとも有名なものかもしれません。まず，自社の「強み」（Strength）と「弱み」（Weakness）から内部環境を分析します。その項目は，人・物・金・情報，ノウハウ，ブランド，信用，知財などさまざまであり方程式はありません。同時に，政府の統計データやマーケティングなどから外部環境を分析し，「機会」（Opportunity）と「脅威」（Threat）を分析します。これら４つの頭文字からSWOTと呼ば

6)「コーポレート」（協調）と「コンペティション」（競争）の造語。

れ，半世紀以上にわたりビジネスの第一線で活用されています。特徴としては，SWOT の 4 つの視点をマトリックスでまとめ，その交点から具体的な課題を抽出，可視化できることにあります。

**メモ 5-8** 鉄板の環境分析フレームワーク SWOT

| 環境＼プラス・マイナス | プラス | マイナス |
|---|---|---|
| **内部環境** | 強み | 弱み |
| **外部環境** | 機会 | 脅威 |

## （2）－2　内部・外部環境分析：クロス SWOT

　SWOT で作成したものを分解し，内部項目と外部項目をそれぞれ「掛け算」をして，経営戦略をさらに検証するフレームワークを「クロス SWOT」といいます。「強み」(Strength) ×「機会」(Opportunity)，「強み」(Strength) ×「脅威」(Threat)，「弱み」(Weakness) ×「機会」(Opportunity)，「弱み」(Weakness) ×「脅威」(Threat)，を行います。複雑のようですが，まずは一回トライしてみることが重要です。後述するさまざまなフレームワークと併せてクロス SWOT を作成することで，より広く深い経営戦略を立案することが可能となります。

**メモ 5-9** さらに鉄板の環境分析フレームワーク クロス SWOT

| | 内部：強み | 内部：弱み |
|---|---|---|
| **外部：機会** | 強み×機会 | 弱み×機会 |
| **外部：脅威** | 強み×脅威 | 弱み×脅威 |

## （3）内部環境分析：資源アプローチ：RBV

　SWOT で勉強したように，環境分析は内部と外部の両面から行います。ここでは，内部環境分析のフレームワークである「RBV」（Resource Based View）を取り上げます。RBV はバーニー[7]らが考案したもので，自社の経営資源の強みと弱みを分析します。しかしこの手法は少し漠然としているため，RBV を分析する具体的項目として「VRIO」が考案されました。VRIO（ブリオ）とは，「経済的価値」（Value），「希少性」（Rarity），「模倣困難性」（Inimitability），「組織能力」（Organization）の頭文字をとったものです。SWOT で行う内部環境分析の際にも，RBV と VRIO のフレームワークを使用すると良いでしょう。具体的には，RBV と VRIO で明らかにした強みと弱みの項目を「付箋」に書き出し，SWOT のマトリックスに貼りつけていくのです。

　また，内部環境分析を行う際には，専門用語を使うと事象をシンプルに表現することができるので便利です。たとえば，自社の中核能力を意味する「コアコンピタンス」，組織の対応能力を表す「ケイパビリティ」，従業員が自社の強みと弱みの要因を把握していない「経路依存性」，強みと弱みの因果関係が不明瞭な場合の「因果曖昧性」，強みと弱みの特徴を示す「特異性」，一般的なビジネスで用いられる「ヒト・モノ・カネ・情報」，「QCDD+M」（Quality・Cost・Delivery・Development・Management）などは内部環境の分析に有効的な専門用語といえます。

---

7）ジェイ・B・バーニー（1954 年〜）。RBV 理論を考案した一人として有名である。

### メモ 5-10　バーニーの RBV で内部資源を分析

・バーニーのRBV
➡ 経営資源から強み弱みを分析
➡ VRIO

## (4)-1　外部環境分析：ポジショニングアプローチ：
## 　　　　　　ファイブ・フォーシズ

　ここからは外部環境分析のフレームワークを勉強していきましょう。まず，ポーターの考案した「ファイブ・フォーシズ」(Five Forces) です。5つの外部環境要因から強み・弱みを分析し，自社が戦うべき「ポジション」を決定します。5つの要因は，「供給企業の交渉力」，「買い手の交渉力」，「競争企業間の敵対関係」，「新規参入業者の脅威」，「代替品の脅威」です。これら5つの項目の強みと弱みを明確にした内容は，SWOT の外部分析要因の項目に使用すると良いでしょう。この場合も，付箋に内容を書き出し，SWOT のマトリックスに貼りつけることが有効的です。

　このフレームワークは，一般的な MBA のテキストでは鉄鋼や電力業界など大手企業のケース・スタディで用いられています。そのため，大企業向けのフレームワークと思われている節があり，この考えを支持している MBA の講師も多く見受けられます。しかしそれは先入観であり，筆者の実務経験から言えば，中小企業でも十分活用することができます。もしファイブ・フォーシズが大手企業向けでしか使えないとしたら，このフレームワークはそもそも実践に使えない価値の低いものであると言わざるを得ません（そのようなことはないのです）。

### メモ 5−11　天才ポーターのファイブ・フォーシズ

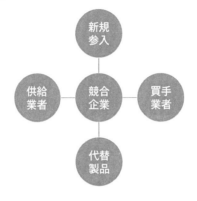

## （4）−2　外部環境分析：ポジショニングアプローチ：集中戦略

　もう一つ，ポーターの有名な外部環境分析のフレームワークを取り上げてみましょう。事業を「競争優位」にポジショニングするための，「集中戦略」（Focus）と呼ばれるフレームワークです。大きく３つの集中戦略があるとされます。一つ目は圧倒的な生産力とコスト力で勝負し，数量多くシェアを獲得する「コストリーダーシップ戦略」です。かつては安かろう悪かろう，薄利多売，羊頭狗肉と揶揄されたこの戦略です。しかし，たとえば衣料品のユニクロなどは，圧倒的なコスト力と生産力により高いシェアと収益力を獲得し，さらに高品質と国際的なブランド力の構築まで実現する，飛躍的な成長をした事例もあります。

　二つ目は「差別化戦略」です。一般的に数量が少なく価格が高い商品・サービス，わかりやすく言えば高級なウェブレン財[8]のイメージです。車にたとえると，トヨタのレクサスが差別化戦略のわかりやすい事例です。主な購入者は富裕層であり，彼らはレクサス

をトヨタ車と認識し，トヨタのラインナップには性能的には同等の車があることを知りながらも，価格が2割から3割も高いレクサスのマークが付いた自動車を購入するのです。なぜこのような差別化戦略が成功したのでしょうか。その一つに，徹底した顧客満足サービスがあるといわれています。レクサスの車には通信機能が装備されており，何かあればレクサス専用のコンシェルジュと通話ができるのです。コンシェルジュは自動車以外の情報も多く提供してくれます。このようなサービスも付加価値となり，差別化を実現したといわれています。

　最後は，「集中・特定ニッチ戦略」です。この部分は簡単のようで，意外に難しい解釈となります。フレームワークの概念図では，コストリーダーシップ戦略と差別化戦略の土台に，集中・特定ニッチ戦略があるからです。そのため，集中戦略はコストリーダーシップ戦略と差別化戦略のなかでの集中すべき戦略部分，と難解な解説をするMBAの講師もいます。それはそれで良いのですが，より簡素な解釈をするのであれば，「ニッチな領域に集中する」という意味合いがもっとも適しているでしょう。たとえば，いまや世界的なブランドとなったカシオのG-SHOCKという腕時計も，落としても踏まれても壊れないという，かなりニッチな領域での集中・特定ニッチ戦略から始まりました。壊れない腕時計は工事現場向けくらいにしか売れないと思いきや，いまでは世界の幅広い年齢層から支持されるお洒落な嗜好品になりました。ニッチな領域を守りつつ，ブランド力も付く差別化戦略の様相も呈しているといえます。これ

---

8）ブランド品など顕示的消費財を指す。

らの事例のように，３つの集中戦略は固定したものではなく，その都度で変化していくものと柔軟に理解をしておくと良いでしょう[9]。

**メモ 5-12**　**天才ポーターの集中戦略**

| コストリーダーシップ | 差別化 |
|---|---|
| 集中・特定ニッチ | |

## （5）まとめ

　SWOT は内部環境と外部環境の分析を行うフレームワークでした。自社の「強み」(Strength) と「弱み」(Weakness) から内部環境を分析し，外部環境の視座から「機会」(Opportunity) と「脅威」(Threat) を分析するものです。さらに，「強み」(Strength) ×「機会」(Opportunity)，「強み」(Strength) ×「脅威」(Threat)，「弱み」(Weakness) ×「機会」(Opportunity)，「弱み」(Weakness) ×「脅威」(Threat) を行い，経営戦略をより広く深く検証するフレームワークが「クロス SWOT」です。

　内部分析は「資源アプローチ」から行い，VRIO（Value, Rarity, Inimitability, Organization）をもちいて分析するフレームワークに

---

9）集中戦略と親和性が高いフレームワークに「競争地位別戦略」がある。競争地位別に集中戦略を応用した考え方で，商品・サービスのフルラインアップによる市場拡大と高いシェア獲得を実現する「リーダー」，差別化戦略に特化する「チャレンジャー」，特定戦略を進める「フォロワー」，選択と集中で集中戦略を展開する「ニッチャー」があり，これらも集中戦略を考える際に有効なフレームワークである。

RBV（Resource Based View）があります。一方，外部分析は「ポジショニングアプローチ」から行います。ポジショニングアプローチには，供給企業の交渉力，買い手の交渉力，競争企業間の敵対関係，新規参入業者の脅威，代替品の脅威の視点から分析する「ファイブ・フォーシズ」（Five Forces），コストリーダーシップ戦略，差別化戦略，集中・特定ニッチ戦略の3領域を示す「集中戦略」（Focus）というフレームワークがあります。

## 5−4．経営戦略フレームワーク：その他のフレームワーク

### (1) PPM

　ここでは，その他のフレームワークをみていきましょう。まず，事業戦略を，「市場シェア」，「市場成長率」，「戦略事業単位」（SBU：Strategy Business Unit）から分析する「PPM」（Product Portfolio Management）を取り上げます。PPMはBCG[10]が考案したフレームワークです。分析対象とする事業を「問題児」，「花形」，「金のなる木」，「負け犬」という4つのカテゴリに区分して現状分析を行います。そして，それぞれの事業をどのように位置づけ，問題児であればいかにして花形にするのか，負け犬であればどのようにして金のなる木に戻すのか，また，さらなる投資を行う必要があるか，もしくは撤退するのか，など意思決定を行います。さらなる応用として，戦略事業単位ではなく，事業部内の個別の「製品」に置き換えて分析することもできます。フレームワークを厳格に守る

---

10）世界的に有名なコンサルティング会社である The Boston Consulting Group の略称である。

ことが大事なのではなく，該当する事業や商品・サービスなど，分析したい対象を柔軟に変えていくことも大切です。

### メモ 5－13　ボストンコンサルティングの鉄板 PPM

| | シェア高い | シェア低い |
|---|---|---|
| 成長率高い | 花形　⟵ | 問題児 |
| 成長率低い | 金のなる木 ⟹ | 負け犬 |

## （2）アンゾフの成長グリッド

　成長戦略を「既存顧客」と「新規顧客」，「既存製品」と「新規製品」から分析するフレームワークを，「アンゾフの成長グリッド」もしくは「アンゾフの成長ベクトル」といいます。経営学者のアンゾフ[11] が考案したフレームワークです。このフレームワークの特徴は，顧客を既存と新規，製品を既存と新規に分解して，それぞれの交点から現状と課題を分析できる点です。このマトリックスからは，顧客層と製品層の強みと課題を明らかにすることができます。そして，どのように強みを伸ばすのか，もしくは弱みの課題を克服するのか，すなわち成長の要因を，顧客と製品，既存と新規，双方の視点から可視化することができるのです。

---

11）イゴール・アンゾフ（1918 年〜 2002 年）。戦略的経営の父と呼ばれている。

| | 既存顧客 | 新規顧客 |
|---|---|---|
| **既存製品** | 市場浸透 | 市場開拓 |
| **新規製品** | 製品開発 | 多角化 |

**メモ 5－14** ほとんど現場で注目されないが 使えるアンゾフの成長グリッド

## (3) STP

事業の「競争優位」戦略を策定するためのフレームワークが「STP」です。まず「セグメンテーション」（Segmentation）で市場を細分化し，標的を設定する「ターゲティング」（Targeting）を行い，そして「ポジショニング」（Positioning）で事業の競争優位戦略を決定します。このフレームワークはマーケティングの大家であるコトラーが考案したことから，主にマーケティングの領域で使われてきました。しかし最近ではマーケティングの視点だけではなく，先述したファイブ・フォーシズや集中戦略の代わりに使われるケースをよく目にします。STP はシンプルな構成であり，比較的使いやすいことが特徴といえます。

**メモ 5－15** ファイブ・フォーシズよりもシンプルな コトラーの STP

- ・コトラーのSTP
  - ➡ セグメンテーション
  - ➡ ターゲティング
  - ➡ ポジショニング

S：市場細分化 ▶ T：標的設定 ▶ P：事業競争優位

## （4）戦略の5P

　ミンツバーグは，5つの項目から経営戦略を分析する「5P」を考案しました。まず，展望をあらわす「パースペクティブ」（Perspective）を示し，市場と製品の「ポジション」（Position）を決め，過去事例を「パターン」（Pattern）として考慮し，計画を詳細に示す「プラン」（Plan）を立て，それを展開していく「プロイ」（Ploy），が5Pの流れです。ミンツバーグは経営戦略論の章でも勉強しましたが，経営者みずからがパースペクティブを強く明示すべきであるとしています。したがって5Pは経営層が全社戦略を策定する時に有効なフレームワークといえるでしょう。

### メモ 5−16　経営戦略プロセスといえばミンツバーグの5P

➡ パースペクティブ
➡ ポジション
➡ プラン
➡ パターン
➡ プロイ

## （5）マッキンゼーの7S

　マッキンゼー・アンド・カンパニー[12]が考案した経営戦略のフレームワークが，「7S」と呼ばれるものです。7Sとは，経営理念など「価値共有」（Shared Value）を中心として，構造としての「組

---

12) 米国の大手コンサルティング会社である。

織」(Structure)，業務プロセスを運用する「システム」(System)，企業文化などの「スタイル」(Style)，エンゲージメントが高い「スタッフ」(Staff)，プロフェッショナルとしての「スキル」(Skills)，そして全社戦略や事業戦略などの「経営戦略」(Strategy)，これらの項目が連携してパフォーマンスを発揮できるかを評価するものです。7Sから全体の組織力を分析することで，経営戦略を実現できるかを評価することができます。最近では，DX（デジタル・トランスフォーメーション）に耐えうる組織かどうかを評価するためにも使用されています。

## (6) PESTLE

　最後のフレームワークは，PESTLE（ペストル）です。経営戦略の策定時には，市場シェアや収益だけではなく，「政治」(Politics)，「経済」(Economy)，「社会」(Society)，「技術」(Technology)，さらに「法令」(Legal) と「環境」(Environment) も考慮しなければなりません。以前は PEST（ペスト）と呼ばれていましたが，近年は法令と環境をくわえた PESTLE になりました。最近では，某国の大統領が代わるだけで，これまでの通商条約が反故にされるなど政治の理不尽さを目の当たりにしてきました。いまや国家間の約束さえエビデンスにはなりえないのです。政治とは極めて恐ろしいものです。そして政治だけではなく，経済も為政者に利用されている昨今です。株価や為替も意図的に操作されている可能性が高く，本質的な経済状況には慎重な見極めが必要です。

　社会は，米中対立とコロナ禍により世界中がアノミーと化しています。突然のように大きなデモが発生し，言葉尻をとらえて特定人

物が毎日のように週刊誌やSNSで炎上するなど，責任者やリーダーのみえない匿名集団による陰湿かつ非寛容な社会が形成されつつあります。一方，コロナ禍の巣籠り需要，オンライン消費の隆盛など，社会では大きな変革が起きています。技術的にはICTによるDX（デジタル・トランスフォーメーション），至る所でのAI化，自動車と航空機は内燃機関からEVへ，その他も大きなイノベーションが進行中です。

　大変革の時代に併せ，法令も厳しい内容となります。中国などではコロナ禍を機に全体主義が加速し，信用スコア[13]などで日々の行動が監視され，違反者には大なり小なりの処罰が待ち受けています。この動向は中国のみならず，コロナ禍を利用して全世界に拡大する潮流といえます。なぜならば，為政者からすれば余分な思想はノイズでしかないからです。そしてノイズは全体主義によりキャンセリングすることが容易となります。その組織の為政者により，白でも黒になる，黒でも白になる，そのような暗黒時代が到来しているのです。三権分立は事実上崩壊し，法もこの流れに呼応せざるを得ない骨抜きのものとなります。

　環境問題は全世界の喫緊の課題です。あと数年で地球は破綻するといわれて久しいですが，今回の状況はオオカミ少年ではないようにみえます。SDGsの実現は我々必須のミッションとなります。悠長な時間はありません。このように，企業は非常に厳しい現実を見

---

13）中国の信用スコアは，これまでの賞罰や学歴職歴などの履歴だけではなく，スマートフォンを通して日々の個々人の行動が監視され，加点減点されるシステムであるという。

据えた，柔軟な経営戦略の策定が求められているのです。幅広い教養と哲学思想，ものの見方としての鳥の眼と虫の眼，これらのセンスを持たない経営者とその企業は，すぐにでも没落してしまうでしょう。いまこそ，経営力の時代といえます。

## (7) 経営戦略の用語

　経営戦略と親和性の高い用語を，いくつか取り上げたいと思います。まず製品についての用語です。製品を市場へ投入する時期の先行者利益を意味する「パイオニアコスト」，いち早く市場へ製品を投入し超過利潤を得る「先発優位性」，遅れて製品を投入しリスクヘッジを図る「後発優位性」，などは覚えておくと良いでしょう。製品の優位性については，市場での占有率を示す「マーケットシェア」，製品の導入・成長・成熟・衰退を時間化する「製品ライフサイクル」，開発から販売までの時間を表す「速度の経済性」，時間短縮による競争優位を意味する「タイムベース競争」，時間の経過と共に生産や販売の効率が向上する「経験曲線効果」，いま利用している製品を代替する際に生じる「スイッチングコスト」，利用している製品を諸条件により変更困難な状況にする「ロックイン [14]」，レアメタルなど物理的に競争優位な「希少資源」，市場で事実上の標準規格とされる「ディファクト・スタンダード」などがあります。

　また，ICT 時代ならではの，取引形態をあらわす用語も数多く出現しています。企業と消費者の取引を意味する「B2C」(Business to Customer)，企業と企業の取引である「B2B」(Business

---

14) 特定業者に供給を偏重している状況を「ベンダー・ロックイン」という。

to Business)，B 2 B の先にあるエンドユーザーの潜在ニーズを意識する「B 2 B 2 C」(Business to Business to Customer)，ネットから実店舗への誘導する「O 2 O[15]」(Online to Offline)，ダイレクトにブランドなどを訴求する「D 2 C」(Direct to Customer) などがあります。ICT 化のなかで濫出する用語は数々ですが，数年後に残る用語はわずかでしょう。ほとんどはいわゆるバズワードであり，普遍的ではなく時代の象徴でしかありません。

## （8）まとめ

　ここで勉強した「PPM」，「成長グリッド」，「STP」，「5P」，「7 S」，「PESTLE」なども，それぞれの項目を付箋に書きだしましょう。それらの付箋を「クロス SWOT」に貼りつけると，さらに広く深い立体的な経営戦略を作ることができます。要するに，さまざまなフレームワークの分析結果はクロス SWOT に統合して，全体的な経営戦略を策定していくことが重要なのです。ぜひ実践でクロス SWOT の作成にトライしてみましょう。

---

15) 実店舗とオンラインのハイブリッド戦略である「ブリック・アンド・クリック」と親和性が高い。なお，実店舗のみの場合は「ブリック・アンド・モルタル」と呼ばれる。

# Chapter *6* マネジメントとは何か？

## 6−1．マネジメントの目的と手段

### （1）マネジメントの要諦

　この章では，マネジメントについて勉強します。「マネジメント」とはビジネス現場で幾度となく聞く用語ですが，その本質的な定義とは何でしょうか。諸説あるなかでも，ドラッカーのいう「マネジメントとは組織に成果を上げさせるための道具である」という至言は，シンプルかつ説得力があるマネジメントの定義と思います。ここではマネジメントを「道具」のひとつとして考えていきます。

### メモ 6−1　神様ドラッカーのマネジメント観
　➡「マネジメントとは組織に成果を上げさせるための
　　　"道具"である」

　　　　　　　　　　　　　　　　　　　　（ドラッカー）

### （2）マネジメントの道具：計画と組織

　最初に，マネジメントの主要な道具に「計画」があります。本書の経営戦略の章でも勉強しましたが，計画とは経営戦略を実現するための手段です。つまり，経営戦略の実現を目的とすれば，その手段に計画があり，同時に，計画とは組織が成果を出すための道具である，という関係性といえます。そして本書では，「組織」でさえもマネジメントの道具として取り上げています。そもそも組織とは組織のためにあらず，経営戦略の実現のためにあるはずです。そう

とらえれば，組織も手段であり道具でしかありません。その上で，その他のマネジメントに付随する道具として，さまざまなフレームワークや ICT などが存在しているのです。

---

**メモ 6-2**　　**経営戦略を実現するためのマネジメント道具**

➡ 計画
➡ 組織
➡ フレームワーク
➡ ICT

---

### (3) まとめ

　マネジメントとは成果を上げるための道具です。主な道具には，計画と組織があります。その他，マネジメントに付随するフレームワークや，ICT をもちいたシステムなどもマネジメントの道具です。

## 6-2.　計　画

### (1) 経営戦略の階層と計画の関係

　マネジメントの主たる道具として「計画」は存在します。そして計画とは，経営戦略を具現化するための手段です。したがって，目的としての経営戦略と手段の計画には一定の関係性があります。まず，企業成長のための全社戦略は，「中期経営計画」と関係しています。中期経営計画（実務では「中計」（ちゅうけい）という）は，概ね３年間で全社戦略を実現するための具体的な５Ｗ２Ｈが記載された予定表，要するにマイルストーンです。

　次に，事業の競争優位性を示す事業戦略は，「予算・利益計画」として５Ｗ２Ｈが記載されます。この期間は一般的に１年間です。

事業部門全体の売上高などが「予算」として明示されます。一方，「利益計画」は事業部門の損益や，全社の損益予測が計算されたものです。さらに，事業戦略をブレークダウンした機能別戦略は，「部門別予算」として詳細な５Ｗ２Ｈが立案されます。ここでは事業部の下部組織の部門別予算などが記載され，運用期間は予算・利益計画とリンクした１年間となります。

このように，全社戦略，事業戦略，機能別戦略は，それぞれ，中期経営計画，予算・利益計画，部門別予算としてマイルストーン化されます。このような経営戦略と計画の入れ子構造的な関係性をよく理解しておくことが大切です[1]。

### メモ 6-3　計画の主要な３種類

・**全社戦略＝成長**
  ➡ **中期経営計画：３ヵ年**

・**事業戦略＝競争優位**
  ➡ **予算・利益計画：１年**

・**機能別戦略＝詳細**
  ➡ **部門別予算：１年**

---

1) 経営戦略と計画の相似的な考えとして，管理会計学者のロバート・アンソニーは，トップマネジメントが「戦略的計画」を策定し，それをマネジャーが「マネジメント・コントロール」のなかで管理し，現場は「オペレーショナル・コントロール」を実務遂行するというフレームワークを示している。

## （2）差異分析とフィードバック

　計画はマイルストーンをクリアーしながら遂行されます。その際に留意すべきことをいくつか取り上げたいと思います。まず，計画はやり終えたら終わり，ではありません。計画と結果を丁寧に照らし合わせ，なぜ成功したのか，なぜ失敗したのか，課題は何か，すなわち「なぜなぜなぜ×5回」を実施しなくてはなりません。この計画から得られた知見は，次の経営戦略に「フィードバック」され活かされるのです。いわゆる「予算実績差異分析（予実差異）」と呼ばれるものです。もし予実差異から経営戦略へのフィードバックがなければ，その計画の価値はゼロに等しいともいえましょう。

　本書を勉強した方々は，計画を「5W－what if－2H」の考え方で立案することになりますが，実績分析ではwhat-ifの部分，つまり計画の仮説検証をしなくてはなりません。これを「仮説検証型」と呼びます。また，結果にもとづいてwhat-ifの仮説を他の仮説と入れ替え，「もしも」をシミュレートする「感度分析」の検証作業も不可欠となります。仮説や数字を入れ替えると，当然，結果も変わります。「もしもで遊ぶ」ことが，経営者の有意義な勉強になり，次の経営戦略への飛躍となります。経営戦略 → 計画 → 結果 → 分析検証 → 感度分析 → 修正・フィードバック → 新たな経営戦略，このような「ローリング」が経営戦略の実現には欠かせません。ただし，分析と検証に悦になりすぎると，本来の目的を見失うことになります。この状況を「分析麻痺症候群」といいます。経営戦略の立案，計画の作成，結果の分析検証，これらが目的ではなく，経営戦略の実現こそが目的であることを，決して忘れないようにしましょう。

**メモ 6-4** 経営戦略の質を左右する予算実績差異分析

➡ 仮説検証
➡ 感度分析

## （3）WBS

　計画を遂行していく際，その内容と進捗を可視化し，メンバーと共有できる道具が必要となります。一般的にもちいられているのが「WBS」（Work Breakdown Structure）です。WBSでは計画内容の5W2Hとスケジュールが示されています。WBSでもっとも大事な

**メモ 6-5** WBSのシンプルな事例

PJT名：関西営業所移設プロジェクト　　　　作成更新 2020/09/11
Project-Leader：石井

| NO | 大分類 | 中分類 | 小分類 | 担当 |
|---|---|---|---|---|
| 1 | 事務所契約・移転・開所 | 新事務所検索 | 水道電気込・会議室共有・年間130万円コストダウン | 総務 |
| | | 新事務所契約 | 契約書確認 | 総務 |
| | | 内装工事 | 業者選定 | 関西 |
| | | 新事務所移転 | 業者選定 | 関西 |
| 2 | 事務所解約 | 解約通知 | 通知済み 2021年3月末まで | 関西・総務 |
| 3 | ファイル廃棄・移動 | ファイル廃棄 | 品質MM及び法定保管以外ファイルの処分 | 関西・総務 |
| | | ファイル移動 | 品質MM及び法定保管以外ファイル本社管理分移動 | 関西・総務 |
| | | ファイルPDF化推進 | PDF　サーバー上で管理 | 関西・総務 |
| 4 | ICT環境 | 電話・ネット環境 | 現交換機移設20万/交換機新調90万円 | 情報システム |
| 5 | 駐車場 | 駐車場解約→新場所 | 契約解約確認 | 総務・関西 |
| | | 車両移動 | 車両幅の確認 | 関西 |

ことは，計画の「プロジェクト・リーダー」を明示することです。計画はメンバー全員で進めるものですが，プロジェクト・リーダーが責任を持ち進めない限り，その成功は困難になるでしょう。WBS には必ず責任者の欄をもうけましょう。「船頭多くして船山登る」は避けねばなりません。そして WBS をたたき台にして，定期的に計画の進捗を打ち合わせし，マイルストーンの確認と修正をかけていきましょう。なお，打ち合わせは，可能であれば毎週の曜日と日時まで決めておくと良いでしょう。

| 10月 | | | | 11月 | | | | 12月 | | | |
|----|----|----|----|----|----|----|----|----|----|----|----|
| 1W | 2W | 3W | 4W | 1W | 2W | 3W | 4W | 1W | 2W | 3W | 4W |
| ■ | ■ | | | | | | | | | | |
| | | ■ | | | | | | | | | |
| | | | | | | | | ■ | ■ | ■ | |
| | | | | | | | | | | | ■ |
| | | | ■ | | | | | | | | |
| | | | | ■ | ■ | ■ | ■ | | | | |
| | | | | | | | ■ | ■ | ■ | | |
| | | | | | | | | | | | ■ |
| | | | | | | ■ | ■ | | | | |
| | | | | ■ | ■ | | | | | | |
| | | | | | | | | | | | ■ |

## (4) PDCA－P'サイクル

　計画は，立案の Plan，実行の Do，計画と実行した結果の差異分析としての Check，差異分析の上で修正した内容をフィードバックする Act という「PDCA サイクル」で運用されます。これらの要素を一つも欠かさず，順番も可逆的にならないように運用しましょう。本書では，Act のあとに Plan' を追加した PDCAP' としています。この理由は，実務では，差異分析を修正する事だけの Act で終わる場合が多いためです。Act の次は Plan を修正した「Plan'」（プラン・ダッシュ）があることを強く認識し，PDCAP' サイクルをスパイラル・アップの正回転として，計画を実現する必要があります。

**メモ 6－6**　特に「P'」が大切な PDCAP'サイクル

## (5) OODA

　経営戦略の実現のために計画を立案し，WBS と PDCAP' などの道具でロジカルに運用し，成果を上げる。これが望ましいロジックですが，計画なるもの，「そうは問屋はおろさない」というのが常です。現場では計画どおりに物事が運ぶことは極めてまれといって

も良いのです。特に Do の時点で，想定されていた事象と異なる問題に直面することが多々あります。その時，多くの日本人は，「持ち帰ります」という対応を取りますが，海外からはこの姿勢が商談機会を失うと揶揄されています。そこで注目されるマネジメントの道具として，「OODA」というものがあります。Observe（観察），Orient（方針），Decide（決定），Act（行動）の頭文字をとったものです。要するに，PDCA での想定外は OODA の「状況判断力」で対応するという考え方です[2]。

　ところで，日本人は本当に想定外の事象に弱いのでしょうか。私は，日本人の現場に限っていえば，臨機応変に対応できる十分な力があると考えています。たとえば福島第一原発事故の際，政府や電力会社の上層部は何もできずの愚の骨頂は公知の事実ですが，現場の吉田所長以下，日本の危機を救ったのは彼らの状況判断と勇気ある行動の賜物です。我々は彼らの状況判断力と勇気に心から感謝をしなければなりません。そして我々は自信をもって，普段の現場でも OODA を実践すべきでしょう。経営者は平時からそれを是認，訓練すべきなのです。ただし，「PDCA はもう古い。OODA だけで良い」というようなことを某大学教授らが無責任に謳いはじめました。これはビジネスの現場というものをまったく理解していない，机上の空論でしかありません。PDCA を実行しているなかで，平行して OODA にも対応できる。状況判断でそれらを使い分け接合を行う。このバランス感覚が現場の計画実行の真の力なのです。

---

2）紛らわしい VUCA（変動性・不確実性・複雑性・曖昧性）と混乱しないように。

**メモ 6−7** いま話題の OODA

## （6）まとめ

　経営戦略を実現するための主要な道具として，計画を取り上げました。全社戦略は中期経営計画として，事業戦略は予算と利益計画，機能別戦略は部門予算として計画化されることを勉強しました。計画は実施されるだけでは意味はなく，計画と実績の差異分析を次の経営戦略にフィードバックすることが大切です。そして計画は WBS と PDCAP' で運用されます。しかし想定外の事項などは，現場の状況判断として OODA をもちいることも重要です。平時から現場で OODA の行使を是認しておくことも，経営者の仕事といえるでしょう。

## 6−3．組　織

### （1）組織の要諦

　ここまで勉強してきたように，経営戦略を実現するために計画があり，計画とは組織が成果を出すためのマネジメント道具でした。ここでは，マネジメントの主要な道具として，計画と同様に重要な

道具である,「組織」を取り上げます。組織の要諦は, チャンドラー[3]の「組織は戦略に従う」という至言に要約されるでしょう。組織は社長や管理者に従うのではなく, 経営戦略に従うという本質を突いています。社長や管理者に従うと錯覚するのは, 社長や管理者が経営戦略の策定者であり実践者であり, それに共感できる場合に限ります。もしくは, 組織のためには手段を選ばないカルト組織に所属しているか, 同調圧力のなかで目的置換になっている, 集団浅慮が常態化している, 洗脳されている, のいずれかでしょう。もし後者の組織に属していると思うのであれば, すぐさまその組織を離れたほうが賢明です。

　要諦の二つ目は, レビン[4]の考案した「解凍-変革-再凍結」という組織の「変革プロセス」です。レビンの変革プロセスは, まず組織を解凍し, その上で変革を起こし, そして再凍結させることと説いています。「変革」は英語で「トランスフォーメーション」です。しかしDX(デジタル・トランスフォーメーション)などで用いられる変革という文言をみてみると, 本来の意味で使われているとは疑わしい限りです。マンネリズム化した非効率な既存概念を解凍することは, 守旧派や抵抗勢力の防戦妨害あり, 容易ではありません。そこで三つ目の要諦として, シャイン[5]の「リーダーシップ」という概念が必要となります。シャインは変革プロセスにはリー

---

3)　アルフレッド・D・チャンドラー Jr.(1918年〜2007年)。経営史の先
　　駆者として有名である。
4)　クルト・レビン(1890年〜1947年)。社会心理学の父と呼ばれている。
5)　エドガー・シャイン(1928年〜)。心理学者として組織論を研究してい
　　る。リーダーシップ研究の第一人者である。

ダーシップあるリーダーが不可欠であると論じています。リーダーシップのあるリーダーは，変革のために，組織文化の形成と文化変革の要因を分析し，闘いのなかで変革を断行するのです。また，著名なリーダーシップ論研究者であるコッター[6]は，「リーダーシップとは変革の実現であり他人を巻き込むことである」と論及しています。

しかし，なぜ組織には変革が必要なのでしょうか。残念ながら，組織とはいかに強くても一定期間で必ず腐る，ということに尽きるのです。"Power tends to corrupt, and absolute power corrupts absolutely" という諺を肝に銘じるべきでしょう。組織の瓦解を予測し速やかに対処するためにも，経営者とマネジャーはリーダーシップ[7]を発揮し，現場の状況把握に努めなくてはなりません。現場の巡回[8]やオンラインでの密接なコンタクトが必要であることは言うまでもありません。さらに経営者は，新組織を構築するや否や，すぐにでも10年後のあるべき組織に着手しなくてはならないのです[9]。

---

6) ジョン・コッター（1947年〜）。『リーダーシップ論』は世界的名著とされる。変革を組織文化に取り込む「変革の8段階プロセス」を考案した。

7) 上司が部下へ自分の弱さを認め援助を求めるシャインの「ハンブル・リーダーシップ」，リーダーを部下への奉仕者とするグリーンリーフの「サーバント・リーダーシップ」など，リーダーシップ論は多彩である。

8) 現場を歩いてマネジメントを行うことを「MBWA」（Management by Walking Around）という。

9) ジョンヘーゲルは10年後の組織を描く「Zoom out/ Zoom in 理論」を提唱している。

## メモ 6-8　巨匠たちの組織の要諦

➡ 「組織は戦略に従う」（チャンドラー）
➡ 「解凍－"変革"－再凍結」（レビン）
➡ 「リーダーシップあるリーダーが必要」（シャイン）
➡ 「リーダーシップとは変革の実現であり
　　他人を巻き込むこと」（コッター）

### （2）組織の目的：経営戦略の実現

　経営戦略を実現するための主要な道具として，組織は存在しています。したがって組織の目的は「経営戦略の実現」に他なりません。決して，組織のために組織が存在しているわけではないのです。もし，組織のための組織があるとすれば，それは為政者もフォロワーも共に目的置換に陥り，たとえば不正の隠蔽さえも正当化するような，無意識的だとしても集団浅慮が蔓延する組織といえます。

　組織を劣化させる要因は，得てしてひとりもしくは数名の，組織トップの前や会議などでは声が大きい，裏では陰湿にトラップを仕掛ける，かような一部の者たちです。しかし組織のトップがそれらの策略に厳格に対処することなく，野放図にしたならば，組織全体は急速に劣化してしまうのです[10]。組織のトップが，「私は彼らの言動は間違いだと思っていたけれど仕方なかった」というのでは洒落にもなりません。組織トップがそのような者に制限を与えないのであれば，策略家に立ち向かう勇気を持ち闘うか，その価値がなけ

---

10) S. I. ハヤカワ『思考と行動における言語』において，どこの組織にもいるこのような愚者を「赤目の大男」と表現している。

ればその組織から脱出しなくてはなりません。いずれにせよ，このような組織には変革が必要となります。さもなければ，その組織は早晩滅びることでしょう。

### （3）組織の手段：組織形態

　組織の目的を実現する手段に，「組織形態」があります。一般的な経営学書では職能別組織，事業部制，カンパニー制などが取り上げられていますが，本書では組織形態を大きく二つに大別しています。ひとつは「ヒエラルキー型」，一方は「ホラクラシー型」です。ヒエラルキー型には「職能別」，「ライン・アンド・スタッフ」，「事業部制」，「カンパニー制」，「プロジェクト」，「マトリックス」，というような様式があります。これらを括れば，いわゆる「ピラミッド型組織」ということです。上意下達，ボトムアップ，いずれにせよヒエラルキーなピラミッド型に変わりありません。これまでの組織論の多くは，組織形態について口角泡を吹かせても，結局はこの枠内での議論であり，私に言わせればあまり意味をなさないものです。

　二つ目の組織形態は，ホラクラシー型です。「フラット」，「ハブ」，「Web」，などの形式がこの型に当てはまります。比較的新しい組織形態で，最近の起業家が創る企業組織は，ホラクラシー型が多いと聞きます。ピラミッド型とは異なり，上から下への階層はありません。階層がないということは，上からの圧力はないということにもなります。フラットやハブは，ジョブ型など役割に特化した仕事ができる環境でもあり，縦横無尽に蜘蛛の巣状に結びつけたWeb型は，まるでICT時代の組織を如実に表現しているようで

す。デメリットがあるとすれば，階層的なピラミッド型のように組織長が不明瞭になりやすいことです。しかし仕事の案件ごとにチームを形成し，都度のチームリーダーを任命すれば対処できることです。組織の圧力なく縦横無尽に仕事ができるホラクラシー型は，これからの時代の組織形態になるでしょう[11]。

**メモ 6-9　アンシャンレジームなヒエラルキーから21世紀型のホラクラシー**

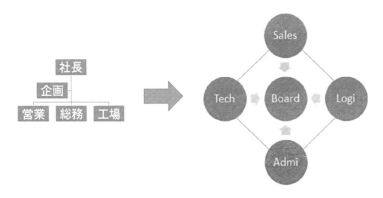

### （4）組織論の古典理論

　念のため，組織論の主要な古典理論についても勉強しておきましょう。最初に取り上げるのはマズロー[12]の「5つの欲求階層理

---

11) ホラクラシー型は，組織トップから下部への限界である「コンクリートの床」，女性が昇進できない「ガラスの天井」などを凌駕する可能性も秘めている。
12) アブラハム・マズロー（1908年〜1970年）。心理学者として，人間性心理学を確立した。

論」です。マズローは，組織に属する者の欲求は低次から高次へ階層的に移行するという理論を考案しました。まず生活費の確保など「生理的な存在」の欲求を満たせば，テニュア契約など「安全的な立場」を欲求し，次いで役職など「社会的な地位」を欲するようになり，組織の内外から承認されたいという「自尊的な欲求」が強くなり，最後に自分自身と対峙する高次な「自己実現の欲求」を求めるようになる，というものです。

　次はマグレガー[13] の「X理論・Y理論」です。X理論とはやる気とスキルがなく，命令された業務の実行もままならない社員を指します。一方，Y理論は勤勉で努力を厭わない，みずから動機づけができるモチベーションの高い社員を指します。したがってY理論が企業の人事戦略の基盤となります。

　しかし動機づけの手法は簡単ではありません。ここで有用となる理論がハーズバーグの「二要因理論」です。ハーズバーグは給与，方針，人間関係，労働条件，職場環境などの「衛生要因」と，仕事の達成，昇進，責任という「動機づけ要因」を区分しました。いくつかの研究によれば，衛生要因を高めても，動機づけには直接的につながらない結果が得られています。

　また，給与や資格などがモチベーションとなることを「誘因」といいます。企業はこの誘因をモチベーション向上のために活用します。対象となる社員の貢献度合よりも少し高い給与や資格を与えると，誘因度合が高まるといわれています。組織論の理論は他にも多くの先行

---

13) ダグラス・マグレガー（1906年〜1964年）。心理学者であり，経営学者でもあった。

研究が存在しています[14]。しかし経営者が留意すべきは，組織のための組織論ではなく，組織とは経営戦略実現のための道具として存在するという大前提です。常にこの大前提を忘れないことが，組織の目的置換，集団浅慮，没落を回避する上で大切な心構えとなります。

**メモ 6-10** **自己実現マズローの5段階欲求**

(5) MBO

　動機づけに関連する組織マネジメントの道具として，ドラッカーが考案したMBO（Management By Objectives and Self Control[15]：目標

---

14) 動機付けの組織理論は，バーナードの，社員のコミュニケーション，貢献意欲，共有目的が動機づけに有効であるとする「組織の3要素」，アルダファーの「ERG（生存・関係・成長）理論」，マクレランドの「達成・権力・親和欲求の理論」，アダムスの「公平理論」，ブルームの「期待理論」，アーンストの「OKモデル」，ハックマン＝オールダムの「職務特性モデル」，バーンの「交流分析理論」など。

15) 多くのテキストでは"Management by Objective"とだけ標記されているが，最後の"Self Control"が重要であることは言うまでもない。

管理制度）を取り上げます。MBO は社員一人ひとり，個人として
の目標管理制度ですが，経営戦略および計画とリンクしていること
が特徴です。つまり，MBO では経営戦略から計画，そして個人の
目標がシークエンスになっているのです。経営戦略や計画と MBO
が分断されていれば，この経営戦略と計画，そして MBO は効果的
な成果を得ることはできないでしょう。また，MBO は KPI（Key
Performance Indicator：重要業績評価指標）で定量的な「診断型」の管
理がなされます。くわえて，仕事上の悩みなど定性的なものを交
え，定期的にマネジャーと個人が「対話型」で行うことが必要で
す。最近では，従業員同士が称賛や承認とともに少額の報酬をお互
いに送り合う「ピアボーナス」といわれる手法も出てきています。
このような取り組みが社員のモチベーションを上げ，しいては組織
が成果を出す源泉となるのです[16]。

## （6）組織論の用語

　この節の最後に，組織論でよく使う用語を紹介したいと思います。
社員満足度を意味する「ES」（Employee Satisfaction）[17]，強い組織の源
泉とされる「信頼」と「コミュニケーション」，ある集団で確立して
いる価値観である「マインドセット」，感情的知性を示す EI
（Emotional Intelligence），正真正銘なものを意味する「オーセンティッ

---

16) 個人目標達成に向けた「コビーの7つの習慣」や，京セラ創業者の稲
　　盛和夫が考案した社内での簡素な懇親会である「コンパ」なども有効
　　的手法である。
17) 対義語として顧客満足度は「CS」（Customer Satisfaction）。

ク」，自分への優しさの「セルフコンパッション」，今を大事にする「マインドフルネス」，倫理観を示す「エシカル」，2000年前後以降の成人を指す「ミレニアル世代」，1990年半ばから2000年頃に生まれた「Z世代」，15歳から30歳程度を指す「AYA世代」など，組織論で使用される用語は枚挙にいとまがありません。しかしこれらを見ていくと，長いあいだ組織論で使われてきたES，信頼，コミュニケーションというような言葉はすでに古い概念となり，比較的最近の用語であるEI，オーセンティック，マインドフルネスなど，ミレニアル世代やZ世代に特有の組織概念が数多く生まれていることがわかります。コロナ禍もあり，時代も仕事へのマインドセット[18] も大きく変わりました。もはや紋切り型で旧態依然な考えで組織を捉えることは「浦島太郎」となり，大きなリスクがあるのです。

### メモ 6−11　EIがこれからの鍵

---

18）仕事へのマインドセットは大別して，給料のことを考えて仕事をするだけの「ジョブ・マインドセット」，年収・肩書・権限を意識する「キャリア・マインドセット」，熱心に働き現状を変え職業と人生の目的意識が同じベクトルにある「パーパス・マインドセット」がある。時代はパーパス・マインドセットに向かっている。

## （7）まとめ

　マネジメントの道具として，組織について勉強しました。組織は組織のためにあらず，組織は戦略を実現する重要な道具であることがわかりました。経営戦略を実現し続けるためには，一定の期間で腐ってしまう組織の変革が不可欠となります。レビンは，現状を解凍し，変革を断行し，新たな状況を再凍結させることが必要と論じました。これらを反映し，最近では組織の形態も大きく変わり，従来のピラミッド型すなわちヒエラルキー型から，蜘蛛の巣形態のフラットなホラクラシー型が採用されつつあります。

# 6－4．その他の道具

## （1）ホウレンソウ

　ここからは，より実践的なマネジメントの道具を取り上げていきたいと思います。日々の実務では物事の伝達スピードと精度が問われます。そこで有効的な道具が，実務では有名な「ホウレンソウ」です。報告，連絡，相談からホウレンソウと呼ばれています。ホウレンソウは組織内のコミュニケーションの道具として使われています。ただし，ホウレンソウの順番には留意が必要です。なぜならば，報告とは過去の事象 → 連絡は現在の事象 → 相談は未来の事象であり，ホウレンソウは順番から考えると，過去事象が先に求められることになってしまうからです。終わった過去の事象を報告書としてまとめる，これが旧態依然たる我が国の仕事のやり方でもありました。そのため，報告書の書き方，誤字脱字など形式的な能力が人事考課などで注目されてきたのです。しかし現場でもっとも大事なことは，これから起こるであろうことの「相談」をいかに組織

で早く予見，検討，対処できるかに尽きるのです。したがって，スピード感がある組織での望ましい順番は，相談 → 連絡 → 報告，つまり，「ソウレンホウ」[19]となります。

**メモ 6-12　ホウレンソウよりもソウレンホウ**

## (2) 5S

5Sと聞くと，工場での活動を連想する方が多いと思います。しかし5Sはビジネスのいかなる現場でも使うことができる万能なコンセプトです。社会人になるとよく聞く言葉でもありますが，みなさんは，きちんと5Sのコンセプトを理解しているでしょうか。まず，整理と整頓の見分けが重要です。「整理」は余計なモノは捨てることで，人員整理などに使われる言葉，要するに捨てることです。「整頓」はモノを使いやすく並べたりすることで，捨てるという意味はありません。次に，清掃と清潔の区分を理解しているでしょうか。「清掃」はそうじをすること，「清潔」はキレイな状態を保つことです。5Sのポイントは，実は，「清潔」にあります。清掃した状態を長い時間キープする清潔というコンセプトは，余計なゴミなどを出さないなど，「ムリ・ムダ・ムラ」（無理・無駄・斑）

---

19)「ソウレンホウ」は，石井宏宗（2011）『経営とは生きること』税務経理協会。で考案されたコンセプトである。

を徹底した品質を担保する証左だからです。そして最後に，課題を内省する「躾」(しつけ)で5Sは完結し，内省した課題は次の5S活動に活かされます。このように，5Sという用語を暗記するのではなく，それぞれの意味と順を追ったストーリーを身につけなければ価値はありません。5Sは工場だけではなく，マーケティング，エンジニアリング，バックオフィス，すべての業務に適用することができます。よく，「机が汚い者は仕事ができない」といわれますが，要するに5Sが実践できない者に仕事ができるわけがない，という意味でもあるのです。

**メモ 6-13　次の人のことを考える「清潔」が鍵になる5S**

➡ 整理：余計なモノは捨てる
➡ 整頓：使いやすく並べる
➡ 清掃：そうじする
➡ 清潔：キレイな状態を保つ
➡ 躾（しつけ）：課題を内省する

**メモ 6-14　5Sサイクルを回して基本力を向上**

## （3）S+QCDD

　実務の事象を分析する際，現場でシンプルに使える区分基準があります。それが「S+QCDD」です。S は Service（サービス），Q は Quality（品質），C は Cost（コスト），ひとつめの D は Delivery（納期），ふたつ目の D は Development（開発）の意味です。ほとんどの仕事上の課題は S+QCDD から分類することが可能です。たとえば，競合に勝てない理由を考える際，サービスが悪いから，品質が劣っているから，コストが高いから，納期が間に合わないから，開発力がないから，という視座からの分析が即座に可能となります。S+QCDD という道具を持つことで，「どのポイントが弱みもしくは強みなのか」，瞬発的に分析する反射神経と運動神経が身につくのです。

| メモ 6-15 | S+QCDD はシンプルで実践的 |
|---|---|

　　　　　➡ サービス
　　　　　➡ クオリティ
　　　　　➡ コスト
　　　　　➡ デリバリー
　　　　　➡ デベロップメント

## （4）定型業務と非定型業務

　仕事が上手く回らない，成果が出ない場合，何かしらの原因を特定しなくてはなりません。業務は大きく分けて，規則的な仕事から構成される「定型業務」と，突発的な仕事の「非定型業務」があります。定型業務はロジカルな性質を持つことが多いため，仕事に取り組む業務内容を合理化，効率化，ICT 化でカイゼンできれば，少なくとも作業時間は削減され残業は減り，ミスも低減し，労働生産

性は向上します。一方，非定型業務はロジカルではなく，想定外として取り組まなければならないものです。マネジャーが阻止しなければならないことは，非定型業務の慢性化です。もし慢性化すると，残業とミスが定常的になり，組織はすぐに非生産的なものに没落します。したがって，マネジャーはそれぞれの業務を見極め，定型業務の合理化，効率化，ICT 化を行い，同時に，非定型業務は短期間の解決に専心することが求められます。要するに，マネジャーは非定型業務の対応に専念すべきであるとする「例外の法則」や，重要性と緊急性から仕事の選択集中を行う「アイゼンハワーの原則」を実行しなければならないのです。

**メモ 6−16**　　**非定型業務の常態化を排斥**

- **定型業務**
  - ➡ **規則的な作業**
    - **：カイゼンによる合理化効率化**
- **非定型業務**
  - ➡ **突発的な作業**
    - **：常態化の絶対的回避**

## (5) QC

　品質管理で使用されるマネジメントの道具を取り上げていきたいと思います。基本にあるコンセプトは「QC」（Quality Control）です。日本製品が世界を席巻した 1980 年代，日本のモノつくりは「QC サークル」（Quality Control Circle）と呼ばれた小集団活動に取

---

20）今井正明は「5S」（整理・整頓・清掃・清潔・躾）を活用した改善活動を提唱した。

り組み，日々の「カイゼン」[20] で品質管理を現場から「ボトムアップ」で極めようとしていました[21]。QC は一般的に「QC の 7 つ道具」と呼ばれる手法で分析と検証がなされます。7 つの道具は「パレート図[22]」，「ヒストグラム」，「管理図」，「散布図」，「特性要因図[23]」，「チェックシート」，「グラフ」で構成されています[24]。そして，これらの集大成として「TQM」（Total Quality Management）という全体の品質管理が存在しています。現代の QC は，ISO9000 シリーズによる「品質マネジメントシステム」（QMS），ISO14000 シリーズの「環境マネジメントシステム」（EMS）など，欧州発信のディファクト・スタンダードにより世界中で標準化されています。

**メモ 6 − 17　QC の集積が TQM**

21）大野耐一が啓蒙した「TSP」（トヨタ生産システム）は，カンバン方式，ジャストインタイム，ポカヨケ，朝市，A3 文化，などさまざまな創意工夫に溢れていた。

22）「80 対 20 の法則」とも呼ばれる。

23）石川馨は課題を「魚の骨」に見立て，大骨，中骨，小骨に分類し特性要因を検証した。

24）くわえて 100 万分の 3 − 4 の精度でバラツキを抑制する「シックスシグマ」による分析検証も行われるのが一般的である。

## （6）5M

　QC道具のひとつに「5M」と呼ばれるものがあります。5Mは
Machine（機械），Material（材料），Method（方法），Man（人材），
Management（管理）から構成されています。特にモノつくりの世
界では，これらの事項から品質管理の分析を行うことが求められま
す。ところで，5Mが道具として能力を発揮するのは，品質管理
よりも不具合対応の際といえます。5Mは品質上の問題がどこに
あるのか，を迅速に分析することを可能とします。不具合が生じた
場合，「なぜ（Why）」を究明して恒久的な対策を打たなければなり
ません。しかし初動の要諦は，「何（What）」が問題かという迅速な
暫定対策が急務なのです。多くの不具合事例では，恒久対策には長
い時間を要することが常です。したがって，不具合が市場リコール
などの大きな問題になる前に，工程上の5Mの何が問題なのか，
この点に絞り即座に対応し，問題の拡大を何が何でも抑えなければ
ならないのです。この初動の応急処置として，5Mの観点は非常
に有効です。


## （7）－1　管理会計：過去・現在・未来

　「会計」と聞くと拒絶反応を起こす人も珍しくありません。しか
し会計もマネジメントの道具として考えれば，アプローチもしやす
くなると思います。会計には大別して2種類あり，過去から現在ま
での結果を示す「財務会計」と，過去から現在までの結果，そして
未来の予測を含むものが「管理会計」と呼ばれるものです。特に未
来時制を含む管理会計は，マネジメントの道具として重宝します。
さらに，管理会計は2つに区分することができます。ひとつは，業

績を分析検証する「業績評価会計」，もう一つは業績評価会計などから経営や事業の方針を打ち出す「意思決定会計」です。概ね，業績評価会計はマネジャークラスのマネジメント道具として，意思決定会計は経営層の道具として有効的です。以下にさまざまな管理会計の道具を取り上げていきます。

**メモ 6－18　財務会計と管理会計の決定的な相違**

・**財務会計＝過去～現在までの結果**
・**管理会計＝結果＋未来までの予測**
　➡ **業績評価会計**
　➡ **意思決定会計**

## （7）－2　管理会計：生産性分析

　最近，「日本は労働生産性が低い」というテーマが取り上げられています[25]。労働生産性は，いくつかの手法で求められます。単純には「売上高÷従業員数」，深掘りすれば「付加価値（営業利益＋人件費＋減価償却費）÷労働時間」，「付加価値÷従業員数もしくは労働者数×1人あたり年間就業時間」などです。労働生産性には，いくつかの意味が存在していることがわかります。ただし，いかなる生産性も「OUT ÷ IN」で求められるシンプルなものなのです。たとえば，生産ラインに投入数100個，完成数90個の場合に，この生産性は $90 ÷ 100 = 0.9$（＝90％）と求めることができま

---

25）日本生産性本部「労働生産性の国際比較2020」によれば2019年の日本の労働生産性（1時間あたり付加価値）は米国の60％，G7最下位，OECDの37か国中21位である。

す[26]。また，少し難しい指標では，資本生産性＝生産数÷有形固定資産，などもありますが，同様に基本式は OUT ÷ IN であることに違いはありません。生産性は長い間にわたり研究されている概念ですが[27]，いまの時代も注目されているのです。経営の現場で，「生産性＝ OUT ÷ IN」を体得しましょう。

### メモ 6−19　生産性はすべて同じ公式

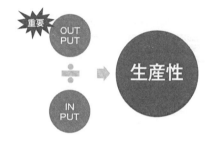

### （7）−3　管理会計：ABC と ABM

主に製造現場で利益を測定する際，ABC や ABM などという言葉を耳にしたことがあると思います。この辺の管理会計となると，もう素人ではお手上げの方も多いのではないでしょうか。しかし実際の計算はさておき，そのコンセプト，つまり意味と目的は何か，を理解しておけば恐れるものはありません。「ABC」（Activity Based

---

26）「歩留り」（ぶどまり）とも呼ぶ。
27）生産性向上についての学術的歴史は古い。アダム・スミス『国富論』（1776）分業による生産性向上とリカード『経済学および課税の原理』の比較優位論，フレデリック・テイラー『科学的管理法』，そしてエドワード・デミングへと展開されてきた。

Costing）は「活動原価計算」のことで，この目的は，「間接費の適正配賦を行い，正確な原価を把握するための道具」です。

　たとえば，ある店で製品Ａと製品Ｂを作っていたとします。製品Ａを100個作るとき，労務費40万円・材料費10万円，一方，製品Ｂは50個で労務費20万円・材料費５万円かかるとします。そして製品Ａと製品Ｂにも使う「共通の間接費」が15万円かかったとします。ABCのポイントは，この共通の間接費15万円の割り振りをどうしたら良いか，ということです。

　どんぶり勘定では，全部の製品を作るのに90万円かかりました，で終わります。しかし，もう少し細かく計算すると，間接費は製品Ａと製品Ｂの半分ずつに背負わせて，製品Ａは57.5万円，製品Ｂは32.5万円，合計で90万円の製造費用がかかりました，となります。さらにABCで計算すると，たとえば，共通の間接費は製品の数量に比例させて負担させよう，という発想をします。これを「コスト・ドライバー」といいます[28]。コスト・ドライバーを生産数量とした場合には，製品Ａ 100個＋製品Ｂ 50個÷間接費15万円＝１個あたりの間接費は1,000円となります。これを配賦（はいふ）といいます。したがって，それぞれ製造にかかった費用は，製品Ａ　労務費40万円＋材料費10万円＋（間接費1,000円×100個）＝60万円，製品Ｂ　労務費20万円＋材料費５万円＋（間接費1,000円×50個）＝30万円となります。このようにABCは，製

---

28）コスト・ドライバーは生産数量以外にも，労働時間や機械稼働時間など，さまざまな指標を適用できる。管理会計のため，決まったコスト・ドライバーは存在しない。

品にかかる製造費用が正確に測定されるのです。

これらを踏まえ，ABM（Activity Based Management）が存在します。ABM は活動原価管理と呼ばれ，「ABC を活用したコスト管理」が行われます。つまり ABM とは，いままで漠然としていた共通費用などが ABC で測定可能となったことから，それらの費用をいかに低減するのか，などの徹底したコスト削減，さらには工程やその他項目までにも及ぶ広いコスト改善活動を目的としているのです[29]。

**メモ 6-20　難解な ABC と ABM を一言で理解**

・ABC
➡ 間接費の適正配賦＋正確な原価把握
・ABM
➡ ABCを活用したコスト管理

## （7）-4　管理会計：投資の測定

管理会計を使えば，投資に対する回収についても測定することができます。経営者から見れば，投資は必要不可欠な意思決定ではあるものの，そのリスクも見積もらなくてはなりません。もっともシンプルな考え方は，投資がいつ回収できるのか（できる限り早い方が良い）を可視化する計算手法です。その手法は大きく分けて３つあります。一つ目は「ROI」（Return On Investment：投下資本利益率）[30]

---

29) ABM の諸活動は，「ビジネスプロセス・リエンジニアリング」とも呼ばれる。
30) ROI は米国デュポン社で考案されたことから，「デュポン式」ともいわれている。

で求められます。計算式は，「ROI ＝（売上－売上原価－投資額）÷投資額」です。要するに，ROI は投資がどのくらい利益を生み出しているかを可視化するものです。

　ふたつ目は，PV（Present Value：現在価値）から投資の成否を見る方法です。たとえば単純な計算ですが，今日の 100 万円が年利10％の場合，1 年後には 110 万円になります。逆に言えば，1 年後の 110 万円は今日時点の 100 万円です。したがって今日 100 万円を投資すれば，1 年後に 110 万円になり，10 万円の儲けが出ることがわかります。この場合，100 万円を「PV」（現在価値），1 年後の110 万円を「正味現在価値」（NPV）と呼びます。つまり NPV がPV よりも高ければ投資はプラスになるのです。多くの MBA などのテキスト，金融機関の説明では計算方法の詳細が掲載されているので，興味がある方は探してみてください。ただし，どんなにかみ砕いても難解な説明が多いように思います。PV と NPV の関係性に絞り，PV よりも NPV が大きければ投資はプラス，とシンプルに考えることをお勧めします。

　最後に，投資額を何年間で回収できるかを，キャッシュフローから計算する「回収期間法」です。投資が生み出すキャッシュフローをもちいて，そのキャッシュの累積金額が投資額を上回れば，投資はプラスという考え方です。キャッシュフローの計算方法に先述したPV（現在価値）などを用いるかは別として，どのくらいの期間で投資額を上回る累積キャッシュが獲得できるのか，経営者も現場も共通して理解しやすい考え方といえるでしょう。

## (7)－5　管理会計：その他の道具

　ここからは，その他の道具を取り上げていきましょう。まず，「BSC」です。BSC（Balanced Score Card）という言葉は聞いたことがあるかもしれません。これは「財務の視点」,「顧客の視点」,「業務プロセスの視点」,「学習と成長の視点」, これら4つの視点から企業のあるべき姿を可視化する，キャプランとノートンにより考案されたフレームワークです。この道具も管理会計の範疇とされます。一時期，金融機関などで採用されたフレームワークですが，最近はあまり見かけなくなりました。道具にも流行り廃りがあります。

　次は，「バリューチェーン分析」（価値連鎖分析）です。大学などで経営学を学んだことがある方は，みかけたことがあるかもしれません。このフレームワークは，企業内の諸活動からマージンを検証するフレームワークとして，ポーターにより考案されました。企業内の活動は，「主活動」（購買物流・製造・出荷物流・販売・サービス）と「支援活動」（全体管理・人事・労務・技術開発・調達活動）に分類され，それらを源泉とする「マージンは価値活動と活動コストの差」と考えることができます。大学の講義では有名なフレームワークですが，なぜか実際の企業でもちいられているケースをほとんど見たことはありません。

　三つ目は「サンクコスト」（埋没費用）です。管理会計を学んだコンサルタントなどがよく使う用語ですが，簡単にいえば，すでに使ってしまって取り返せないお金のことです。たとえば新しい商品・サービスを売り出すために，広告などのマーケティングや営業担当者を増員してセールス費用をかけたにも関わらず，ほとんど売

り上げの成果がなかったとします。この場合，それらにかけた費用はサンクコストと呼ばれることになります。要するに，サンクコストは，ムダな費用を分析するためのコンセプトともいえます。しかし，ひとつ誤れば，「失敗は成功の糧」という考え方をも否定しかねません。いかなる事業も山あれば谷もあります。ムダばかりを排除すれば，同時に成功要因も疎外することになりかねないのです。それは経営の本質とはいえないでしょう。

## （8）SECIモデル

　最後に取り上げる道具は「SECIモデル」（セキモデル）というフレームワークです。共同化（Socialization），表出化（Externalization），連結化（Combination），内面化（Internalization）の頭文字を取ったものがSECIの語源です。日本の経営学の巨匠ともいえる野中郁次郎[31]の考案したフレームワークです。一言でいえば，組織の成長プロセスを可視化するもの，ということになります。成長のプロセスは共同化 → 表出化 → 連結化 → 内面化の順序を追って進化していきます。

　「共同化」の段階では，組織内の「暗黙知」としてのノウハウなどが，明文化されず暗黙知のママで共同化されていきます。次に「表出化」では，口伝のように属人的に受け継がれてきた暗黙知が，やっと「形式知」として明文化されます。明文化された形式知はマニュアル化などで展開され，他の部門などに「連結化」されていき

---

31）野中郁次郎（1935年〜）。一橋大学名誉教授。知識経営の先駆的研究者である。

ます[32]。そして連結化された形式知はさらに現場で進化し，再度，暗黙知として「内面化」していくのです。

　このサイクルを成長過程で具現化する組織は，長期的に強くなるものと考えられています。経営者やマネジャーが積極的に行うべきことは，SECI モデルのサイクルをしっかり回し，業務の標準化がもたらすサービスと商品の品質向上を実現させることです。結果として経営品質も高くなるのです。一方，現場の暗黙知を放置し，なんら改善を促さない企業の行く先は，おのずと先が見えています。SECI モデルを経営者とマネジャーが理解し，現場で活用してこそ，企業はボトムアップでも成長をしていくことでしょう。本章でSECI モデルを最後に取り上げた理由は，これまで取り上げてきた数多くのマネジメントの道具を SECI モデルと融合して活用できれば，その成果は計り知れず大きくなるからに他なりません。

**メモ 6-21**　　**まずは暗黙知を形式知に表出化**

- **共同化：暗黙知 ➡ 暗黙知**
- **表出化：暗黙知 ➡ 形式知**
- **連結化：形式知 ➡ 形式知**
- **内面化：形式知 ➡ 暗黙知**

---

32) 組織ごとのチームリーダーが集まり，すり合わせと方向性を決め，組織全体の生産性を高める。この時，チームリーダーが「連結ピン」の機能を果たす。

**メモ 6−22**　　有象無象の暗黙知を形式知化

暗黙知　重要　形式知

## （9）まとめ

　本節では経営戦略を実現するための道具として，前節からの計画と組織にくわえ，その他の主要なフレームワークを取り上げてきました。経営学というよりも実践的なフレームワークも多く取り上げましたが，そのような基本的なマネジメントの道具こそ，現場での成果の源泉となるのです。また，ここまで勉強してわかることは，マネジメントの道具から得られたデータなどは，それだけでは意味がなく，それらのデータを活かすも否も，経営者とマネジャーの能力次第であるということです。経営者とマネジャーは，計画，組織，その他道具も，あくまで経営戦略を実現するための道具でしかないことを肝に銘じ，果実を得るため能動的に活かしていきましょう。

## 6−5. ICT

### （1）ICT の要諦

　ICT をマネジメントの道具として取り上げてみましょう。もはや ICT なくして企業活動は語れない状況となりました。日本では IT という用語が頻繁に使用されていますが，正式には Information and Communication Technology の略で「ICT」といいます。要するに情報通信技術のことです。ICT は世界中の「WWW」（World Wide Web）と呼ばれる通信網，いわゆる「インターネット」のなかで，この30年で急速な進歩を遂げてきました。2010年代には「クラウド」という仮想空間のサーバーが出現し，そこでファイルなどを自由に管理できるようになりました。いつでもどこでもICT で仕事ができるようになったのは，WWW のスピード化とクラウド容量の進化など技術的進歩が背景にあります。

しかし ICT の技術的躍進に伴いささやかれ始めたのが，ICT が人間の労働を不要にするという疑念です。たとえば，メガバンクなどでは主に事務職の採用を廃止する企業も少なくありません。また，既存の事務職は営業など直接部門へ配置転換を促すなど，事務作業は確実に ICT に取り込まれています。これらの潮流は，要するに「第四次産業革命」[33] と呼ばれる現象に他なりません。ICTを基盤として，インターネット接続機器からデータを収集する「IoT」（Internet of Things：アイオーティー），そして IoT から収集した膨大なデータは「BD」（Big Data：ビッグデータ）となり，BD は「AI」（Artificial Intelligence：人工知能）で自動的に分析検証されるのです。このプロセスを社会や企業に積極的に導入して，社会全体をより良くするというコンセプトが「DX」（デジタルトランスフォー

---

[33] 第一次産業革命は18世紀半ばのイギリスで広まった蒸気機関による工業革命，第二次産業革命はイギリスからフランス，ドイツ，米国へと広まった工業革命，第三次産業革命は1960年代の原子力といわれているが，統一した定義は存在しない。

メーション）といわれるものです。DX はコロナ禍が加速度的な呼び水となり，特に「働き方改革」として表出化しています。オンラインを駆使した「WFH」（Work From Home）と「WFA」（Work From Anywhere），行楽地で旅行をしながら働く「ワーケーション」などの「リモートワーク」が出現し，さらに旧来の人事制度をも変革する「ジョブ型」や「成果主義」が「ニューノーマル」として現実となりつつあるのです。

　これから先，ICT と労働という観点から，いったい何が起こるのでしょうか。オズボーン（2013）「雇用の未来：仕事はコンピューター化の影響をどれだけ受けるのか」では，シンギュラリティ[34] が到来すれば既存 100 種の職業は ICT 化され雇用が喪失されると予測されています[35]。経営はこの課題と真摯に向き合わなければならないでしょう。一般的な展開を予測すれば，DX の広がりにより，事実判断と価値判断としての作業は限りなく ICT 化される，つまり人手は最小限となるでしょう。くわえて，事務作業だけでなく，営業は AI の基本的機能である「アルゴリズム」や人造ロボットの「アバター」，運送では「ドローン」などが積極的に活用されるはずです。このようななかで，我々人間は何をすればよいのでしょうか。これは私の仮説ですが，「どうあるべきか」という

---

34）技術的特異点のこと。2045 年に到来すると予測されている。

35）オックスフォード大学のオズボーンとフレイは，米国では 20 年以内に 47％の労働が機械化されると予測している。たとえば，テレマーケター，保険外交員，信用アナリスト，レジ係，シェフ，事務員，会計士，監査役はジョブレスとなり，弁護士，経営者，マーケター，小学校教師，栄養士，内科医，外科医，エンジニアは ICT 化されずに残るという。

「当為判断」を伴う仕事は，依然として人間が行う，いや行わなければならない，という時代が到来すると考えています。つまり，多くの作業はICT化されるものの，重要な意思を必要とする仕事は人間が行う世界ということです[36]。このように作業と仕事は明確に区分されます。したがって我々は，当為判断ができる能力を持つ，それに敵うたる人間として，たゆまぬ精進をしなくてはなりません。

　比較として，過去の産業革命の際，労働と機械化の関係はどのように変化してきたのでしょうか。18世紀の産業革命を目の当たりにしたドイツの哲人ヘーゲル[37]は，「機械化により人間の労働も機械的になり，同時に労働の価値は減少し，機械化された人間は益々多く働かなければならなくなるだろう」と述べています。人間の労働が機械に搾取されると思いきや，むしろ単調化された仕事が増え，仕事の価値が減ると推測したヘーゲルには感嘆の言葉しか見当たりません[38]。そして今，第四次産業革命も同様のことが言えるのかもしれません。すなわち，ICTによりさらに単調化された労働が増え，労働そのものの価値が限りなく低くなってしまうのでは

36）現時点，テキスト・音声・画像などのデータにタグを付けるアノテーションは人間が閾値を設定している。AIの深層学習が進化しても人間が基準を決めることになる。

37）19世紀初頭ヘーゲルがイエナ大学で講義した，かの「イエナ講義」の一部である。

38）この視座はいわゆるマルクス主義の「絶対的剰余価値」と「相対的剰余価値」と同様であるが，理論の原点はマルクスの師であったヘーゲルにある。

ないか，ということです。だからこそ我々は，ICT では為しえない当為判断による，労働を喜びとする人間の本質，人間とは何か，その探究へ回帰すべき時なのです[39]。

**メモ 6-23** 当為判断は人間にしかできない仕事

## （2）ICT コンセプトの潮流

ICT に関するコンセプトについて，その潮流をまとめてみましょう。最近よくニュースなどで耳にする用語として，現実にはない空間を表現する「VR」（Virtual Reality：仮想現実），実際の視覚にアイコンなどを付加する「AR」（Augmented Reality：拡張現実），仮想と現実を融合した世界観の MR（Mixed Reality：複合現実）などがあります。すでに，これらの技術を用いて，事務作業の無人化を可能とする「RPA」（Robotic Process Automation：業務自動化），仮想空間で工場を制御する「デジタル・ツイン」（Digital Twin），自動車の完全自動運転[40]である「レベル5[41]」を目指した実験，AI で収穫

---

39）ただし「AI 深層学習」と「量子コンピューター」の進化で，当為判断が可能な「人工実存」（AE）の出現も否定できない。その時は小松左京『虚無回廊』の世界となる。

40）CASE（Connected, Autonomous, Shared, Electric）が自動車業界の常識を一変させた。

高を確保する「スマート農業」を活かしたグリーンビジネス[42] など, モノつくりの分野での「DX[43]」(Digital Transformation：デジタル変革) が積極的に展開され始めています[44]。

　金融の世界でも ICT 化は加速度的な進歩があり, 電子決算による「キャッシュレス[45]」, ビットコインなどの「デジタル通貨[46]」, デジタル通貨決済の監視技術である「ブロックチェーン」など, 金融デジタル技術いわゆる「フィンテック」が矢継ぎ早に出現しています。その結果, クラウド上で資本金を収集して起業する「クラウドファンディング」も定常化し, 金融業界は急速に役割転換を余儀なくされています。ただし金融という特質上, 高度な「DRM」(Digital Risk Management) が必要であることは言うまでもありません。

　ICT とマーケティングについても大きな変化が起きています。Web 上の露出頻度を高める技術である「SEO」(Search Engine

---

41) 2020 年に団塊の世代全員が 70 代となり「超移動困難社会」が到来した。そのソリューションには完全自動運転技術が欠かせないといわれている。

42) 1970 年代に日本が東南アジアを指導した「緑の革命」以来の大きな変革期にある。

43) 総務省「平成 30 年版情報通信白書」によれば, DX とは「ICT の浸透が人々の生活をあらゆる面でより良い方向に変化させること」である。

44) モノつくりの領域では, 20 世紀初頭の F. テイラー『科学的管理法』いわゆるテイラーイズムが ICT と相性が良いとされ, 最近のマネジメントにおいて見直されている。

45) 日本のキャッシュレス化は 2020 年度で 20％程度であり, 諸外国の 40－60％と比べ大幅に遅れている。

46) デジタル決算による, 決済高速化, コスト低下, マネーロンダリング根絶, 包摂的な金融制度が期待されている。

Optimization），Web 広告による集客手法の「リスティング広告」，デジタルデータをマーケティングへ活用する「MA」（Marketing Automation），デジタルデータを統合的に管理するプラットフォームを意味する「DMP」（Data Management Platform），などの用語がよく知られています。マーケティングのデジタル化は急速に普及し，「セールステック」というコンセプトも生まれてきています[47]。セールステックとは，見込顧客の獲得，生成，育成，選別を自動化する「MA」（marketing automation），「SFA」（salesforce automation：営業支援システム），「CRM」（customer relationship management：顧客関係管理システム），「BI」（business intelligence: レポート作成分析）などの機能を内包するシステムを意味します。セールステックは，今後さらに進展していくものと考えられています。

　ほかにも，クラウドから特定ソフトだけを利用する「SaaS」（Software as a Service），自動車というハードをソフトとして捉える「MaaS」（Mobility as a Service）[48]，継続課金制のビジネスを意味する「サブスク」（Subscription），インターネットをとおした単発の副業である「ギグエコノミー」など，すべての業種が ICT によって大変革の渦中にあります。これら潮流をけん引するのが，GAFA（Google・Apple・Facebook・Amazon：ガーファ）や MANT（Microsoft・Apple・Nvidia・Tesra：マント）であり，中華系では BATH（バイドゥ・アリバ

----

47) 伊藤克容「セールステックで変わる管理会計：顧客行動を可視化する」，『企業会計』，2021 年 3 月号，中央経済社。などを参照されたし。

48) テスラ社の自動車は定期的にソフトが自動的に最新版にアップデートされる。自動車のハードとしての価値だけではなくソフトとしての価値を確立した。

バ・テンセント・ファーウエイ：バス），いわゆる「ハブ」と呼ばれる企業群です。

　国家的なICTとしては，ドイツ政府が先駆けて「Industry 4.0」というSCM（サプライチェーンマネジメント）を推進し[49]，日本は「Society 5.0」という名でICT主軸の「スマートシティ[50]」を形成しようとしています[51]。このように各国はICTのディファクト・スタンダード競争でしのぎを削っているのです。ICTを駆使してコロナ禍を抑え込んだ台湾（中華民国）政府[52]や，すでに行政作業をデジタル化する「デジタル・ガバメント」を実現している国家もあります[53]。一方で競争には衝突がつきものです。米国と中国の対立要因ともなった「5G」もその一つです。5Gの3大特徴は，ミリ波200Gbps（ギガビット毎秒）で4G（LTE）の100倍にもなる「超高速通信」，1ミリ秒（1000分の1秒）以下の「超低遅延」，1平方キロメートル当たり100万台以上におよぶ「多数同時接続」です[54]。この技術があれば世界の情報を一瞬にして掌握することも可能になります。5G技術で中国に後れをとっていた米国は中国

---

49）独SAP社などのSCM（サプライチェーンマネジメント）システムが有名。このプラットフォームを活用してデータやノウハウを共有する「デジタル・ケイレツ」なるものが出現してきている。

50）エネルギー効率モデルからデータ駆動型モデルへ，経済・教育・環境・ガバナンスなど人間中心主義が掲げられている。

51）トヨタが主導している「ウーヴン・シティ」もSociety 5.0と親和性が高い。

52）台湾デジタル総括担当閣僚オードリー・タン氏はコロナ対応で一躍スターとなった。

53）デンマークとエストニアは行政作業を100％デジタル化した。

と懸案事項を抱えることになりました。中国は BRI（一帯一路）に
ある国々，アフリカ，イギリスに至るまで，5G による ICT のシ
ルクロードを構築しようとしています。ちょうど，そこへコロナ禍
が生じ，米国は中国の ICT 企業を，中国は自国から米国企業を追
放するという動きに出ています。つまり 5G は覇権争いのきっかけ
にすぎなかったのです。もともと，中国は「GFW」（グレート・
ファイアー・ウォール）という ICT 版の万里の長城により，中国共
産党に都合の悪い米国などの一部サイトを閲覧禁止にしていまし
た。これらの大儀名分はインフォデミック[55]を抑え込むというこ
とです。また，国民全員の行動を監視して点数化する「信用スコ
ア」なるものを導入していたことで，コロナ禍の徹底管理と抑え込
みに成功したといわれています。つまり，ICT は全体主義的な監
視社会と親和性が高いことがわかります。このように ICT による
第四次産業革命は，生活を豊かにする DX，労働との兼ね合い，そ
して国家の統治体制にまで大きな変革をもたらしていることがわか
ります。我々は ICT について，理性をもって今後の動向を思慮深
く見守る必要があるのです[56]。

---

54）5G による遠隔操作手術ロボットや世界同時開催の e- スポーツなどが
　　可能となる。
55）ネット上で偽もしくは不明瞭な情報が拡散してしまうこと。
56）ズボフは "The Age of Surveillance Capitalism" において，ICT を用
　　いた情報収集・操作・制御から collectivist（集産主義者）は都合良く
　　「監視資本主義」を展開し，従前の民主主義を瓦解させ instrumentation
　　power（手段主義的権力）を手に入れる恐れがあり，我々はこの事態
　　に立ち向かわなければならないと主張している。

## （3）まとめ

　ICT の要諦は，IoT で集められたデータが BD 化され，BD は AI で分析されるが，「どうあるべきか」という当為判断については，人間がみずから判断を下すものです。経営者とマネジャーは，ICT を経営に最大限活かすためにも，この一連の関係性を忘れてはなりません。つまり ICT はあくまでマネジメントの道具であり，意思決定までには及ばないのです。いや，及ばせてはならないのでしょう。経営とは，マネジメントという道具だけを磨くことではなく，社会をより良くしようとする生身の経営者の判断が不可欠なのです。

# Chapter *7* 経営に必要な力とは何か？

## 7−1. 経営に必要な3つの力

　ここまで，実務に役立つと考えられる経営学の基本について勉強してきました。その最後に，ミンツバーグの経営観を取り上げたいと思います。ミンツバーグは経営に必要な能力が3つあると述べています。それは，「クラフト」（経験），「サイエンス」（分析），「アート」（直観）です[1]。実務視点から言い換えれば，現場での豊富な経験は財産となりますが，それだけではなく，事象は科学的に分析する必要もあります。さらに，経験と分析の掛け算により得られる能力として，直観力も欠かせません。

　筆者の知見からの解釈ですが，クラフト（経験）は時間に比例する傾向にあり，時と共に研鑽を積めば，ビジネスで起こる事象の「なにがどうなのか」という「事実判断」を適切に身につけることができます。また，ビジネスでのサイエンス（分析）は，MBA的なスキルを身につければ良いでしょう[2]。サイエンスを活かして，「どうしたいのか」という「価値判断」を実践することができます。しかしアート（直観）を体得することは，非常に抽象度合いが高

---

1) 一般的な MBA のテキストでは，たとえばクラフトは熟練，サイエンスが科学，アートは芸術，などと訳されている場合があり，統一訳語はなく，群雄割拠である。

2) MBA への通学は必要なく，MBA 関連の書籍を読めば十分である。

く，難しいことです。アートはクラフトとサイエンスの掛け算として，「あるべき姿」という「当為判断」ができる高度な能力なのです。

アート（直観）を磨くためには，長年の経験や MBA 的スキルのみならず，倫理・哲学・政治・経済・文芸など幅広い知見，そして趣味も必要でしょう。くわえて運動などの健康的活動や，自然との邂逅などの身体的活動も不可欠です。直観力の「観」は，感でも勘でもなく，「観る」（See）の意味で，「見る」（Look/Watch）とも意味が異なります。観る（See）は目に見えない内面までをみること，一方，見る（Look/Watch）は目に見える外面をみることです。この相違の理解が直観力を磨く上で重要です[3]。経営者とマネジャーは，人・物・金・情報を観る（See）ことが求められているのです。

## 7－2．サイエンス偏重への警鐘

ミンツバーグは経営に必要な 3 つの能力を掲げましたが，サイエンス偏重の MBA ホルダーは会社を劣化させると指摘しています。この内容についてはミンツバーグの『MBA が会社を滅ぼす』[4] を一読していただきたいと思います。筆者は自分自身でも MBA を所有しており，経営者としてこれまで数名の MBA ホルダーを誕生させ，さらに，7 年間にわたり MBA の講師として大学院で教鞭を

---

3）ミンツバーグの提言は，いうなれば古代哲学の「真・善・美」とアナロジー的な関係といえる。真は科学的探究のサイエンス，善が社会的労働としての経験，美は直観力を磨くアートの置換である。

4）H. ミンツバーグ（2006），日経 BP 社。

執っていた経歴があります。そのような経験からミンツバーグの視座には深く頷く次第です。MBA はサイエンスとしては有効的ですが，クラフトとアートなくして，MBA だけでは無力なのです。それどころか，サイエンスだけであれば，むしろ有害になりうる，ということです。3つの力の融合が必要なのです。

## 7－3．まとめ

　ミンツバーグは，経営にはクラフト（経験），サイエンス（分析），アート（直観），これら3つの力が必要であると述べています。クラフトは実務経験の財産，サイエンスは科学的スキル，アートは抽象度合いの高い観る力です。ただし，サイエンスの偏重だけでは会社を滅ぼしかねず，経営者とマネジャーはその点を留意しなければなりません。その上で3つの力を体得し，キュレーションを高めバランスを保ちながら経営活動に勤しむことが重要なのです。

**メモ 7－1**　経営戦略論の大家ミンツバーグの
クラフト・サイエンス・アート

クラフト・サイエンス・アート

# エピローグ

　本書では，経営学の基本的知識から，実践的経営に役に立つと思われるコンテンツを取り上げてきました。ICT など時流の知識だけではなく，基本的な経営学のコンテンツも，現場で実用できることをご理解いただけたと思います。むしろ基本的事項の方が重要であることをおわかりいただけたかもしれません。あくなき基本の反復と実践は，「ラストワンマイル」で踏ん張る実力をも養成します。そして，仕事は焦らず，「ほどよく速く」，音楽でいえば「アレグロ・モデラート」のように進めていくことが，長年にわたり高品質な成果を生み出す心構えです。本書を御一瞥いただいた読者の方々には，何事も基本を大切にして，質の高い仕事を創造し続けていただきたいと切に願います。

　さて，最後は筆者のプライベイトな話，実父（以下オヤジという）とのクロニクルをとおして，「経営とは何か」を語りながら，本書をクロージングしたいと思います。筆者は経営者，経営学者，経営学講師を執り行っていますが[1]，すべては「経営とは何か」，その問題意識からの衝動でしかありません。この与件は，すべてオヤジ

---

[1] 古代哲学の「真善美」を模倣し，真＝経営学博士としての研究，善＝実業家，大学講師・学会理事・ボランティア活動などアンガージュマンとしての社会貢献，美＝趣味のカメラや音楽鑑賞，これらの融合から「自由市民」として人生を探究中である。

132

との関係から起因したものです。2020年2月15日早朝，オヤジ，石井雅晴が享年83歳で旅立ちました。突然の最期に間に合わず，人生最大の後悔です。花を咲かせた会社を見せてあげたかった，最後の3年間はほとんど顔を合わせなかった，オヤジが喜んでいた大学の講師をやめた，私は親不孝の極みといえましょう。孝行したいが親はなし，後悔先に立たず，バカは死んでも治らない，なるほど先達はよく言ったものです。そして「二人称の死」を痛感しています[2]。

オヤジは昭和12年，東京目黒に生まれ，幼年期暮らしていた武蔵境3,000坪豪邸傍にある中島飛行機への空襲が厳しくなり，一族実家である九州天草へ疎開します。昭和20年8月9日，長崎に落とされたピカドンの轟音を聞くや近くの山頂まで走り，遠くにキノコ雲をみたといいます。グラマンからの民間人機銃掃射など，戦争の話はよく聞いたものです。ちなみに母親は東京城東區生まれ，昭和20年3月9日に栃木宇都宮へ疎開します。翌日は東京大空襲でした。このように筆者は幼年期から，親の戦争体験，突然たるゲシュタルト崩壊が思考の大前提となっています。世の中何が起こるかわからない，明日は我が身，という世界観です。

石井家は古文書をみると，天草の乱で荒廃した天草諸島を干拓で復興するため，福岡香椎神宮の宮司であった石井卯兵衛隆興が幕府

2）養老孟司（1937年〜：医学博士・解剖学者）の至言。逝去した一人称は死がわからない，三人称は他人事，したがって死は家族など「二人称の死」であると説く。また，現代の脳化社会の病理は自然あふれる田舎で身体性を取り戻すことが必要であり，そのために都市と田舎の「参勤交代」を提唱している。『バカの壁』，『死の壁』など名著多数。

から命を受け，築地という屋号と金子（きんす）を賜り入植したことが天草での初代とされています[3]。その後，天草での石井一族は庄屋としての地位を高めながら，天保時代には滋養強壮剤「天草ねりやく」[4] などを発明し，その身代から高等教育を家の文化とし，明治時代から昭和時代にかけて，多くの実業家，初期のレーザー光を研究した陸軍研究所の学者，大学教授などの文化人を多く輩出してきました。

　しかし大東亜戦争に敗北すると，石井家が事業で築いてきた資産は無価値となり，庄屋も GHQ の農地解放で無一文となります。オヤジの実父すなわち私の祖父は，「國本新教」という出雲大社皆伝の神道教祖でしたが，お布施はほとんど取らない方針のため収入はわずかでした。貧困のなか，オヤジは中学生時代から，ガラクタのラジオを回収し部品をバラして収集，独学でラジオ製作を行い，ラジオを行商して一家の生計を立てていました[5]。テクノロジーと商魂。オヤジはこの時すべてを身につけたのです。それをきっかけとして電気に興味を持ち，早稲田大学理工学部へ進学しました。

　オヤジは苦学生として部品商社に勤め，卒業後の 1966 年，パートナーと共に東芝の電子部品販社として「新東電気株式会社」を起業します。電子部品販社から CB 無線機[6] のメーカーへ進出すると米国で大ヒットとなり，1970 年当時で 50 億円の年商まで一気に

---

3）香椎神宮の石井家をたどれば藤原道時氏に着く。

4）現在も天草地方で製造販売されている滋養強壮剤。

5）知的好奇心旺盛な少年に電子部品やラジオ製作の道を拓いてくれたのは，天草にある板垣通信機（現・イタガキ）の創業者の板垣社長であった。

6）個人同士が無線で通話する Citizen Band。

134

躍進しました。世界を股にかけ活躍するオヤジはヒーローであり，筆者もおぼろげに「お父さんのような社長になる」という想いを抱きます。しかし1978年，中東危機のハイパー円高に耐え切れず，あっけなく倒産してしまいました。高みに上がれば危険あり，経営者はいつも「板子一枚下は地獄」です。会社の倒産はNHKニュースで報道されるほどの超ド級[7]であり，一家でそのニュースをみるシュールな記憶が蘇ります。会社の資産で残ったものは社長室の大きな机ひとつだけでした[8]。経営者という世界観のなか，「酒はほろ酔い花は五分[9]」という中庸がいかに難しいかがわかります。

　しかし会社は破れるも，国破れて山河あり[10]，荒廃のなかにも家族はいたのです。筆者は当時8歳でした。オヤジは禁治産者となり，経営者として働くことができません。倒産の原因は自社以外にもあるとして，東芝を相手取り10年裁判をスタートさせます。普段家にいないオヤジが四六時中家にいる違和感はいまでも忘れられません。リセットを余儀なくされ時間を持て余すオヤジは，古くなっていた家の拡張工事をゼロから自分で始めることにしました。いまでいえばDIYですが，本格的な大工仕事です。筆者も基礎コンクリ部分からの作業を手伝いながら，「家も人生も何事も，すべては基礎が大事。基礎のない応用など存在しない」，庭仕事の手伝いの時は「雑草は根まで採らないとすぐに生えてくる。本質的な問

---

[7] 英国ドレッドノート級以上の軍艦。
[8] この机を「戒め」のために，筆者は現在も社長室の机として使用している。
[9] 『菜根譚』の至言。
[10] 杜甫の漢詩。

題を除去しないとダメ」など，大工や庭仕事をとおして多くの人生
訓を教わったものです。

　さらにオヤジは，小学生の筆者に，「ここに大根が1本ある。包
丁で切ると断面が微分。これをもとの大根1本の形に戻すと積分。
これが微分積分」という石井家伝統の概念をも教え込みます。「妥
協は良いが阿諛迎合はするな」，「石井家の家訓は，子孫繁栄・文化
文明発展への貢献・創造者であること，が求められる」というドグ
マなど，多くの薫陶を受けました。筆者はオヤジが倒産したときに
こそ，人生の原理原則，フレーム・オブ・レファレンス，プリンシ
プルという実践哲学[11]を学んだように思います。

　ところで，いま思えば，強烈な失意のなか大工仕事で家を創るこ
とは，まるで『北の国から』を彷彿とさせるものでした。田中邦衛
演ずる「五郎」のように，オヤジのストレスも計り知れないものが
あり，パトスをコントロールできず晩酌では多少荒れることもあり
ましたが，タナトス的な所は一切なく，昼から酒を飲み暴力をふる
うようなこともありませんでした。ギリギリの線は守りたかったの
でしょう。また，オヤジはキャッチボールなど，そういうことは
まったくしない人でしたが，休日に二人で朝からパチンコ屋で連
勝，たくさんの景品を取り喜んだことは，筆者の幼少期の良い思い
出です。

---

11）哲学とは対象物を時間概念と共に観察し普遍性を見出すことにある。そ
　　の上で，ソクラテスをルーツとする古代哲学の問題意識は「神とは何
　　か」，「人間とは何か」，「どう生きるか」に集約される。筆者はこれらを
　　経営へ応用し「経営とは何か」，「会社とは何か」，「どのようにゴーイン
　　グコンサーンするのか」とメタファーしながら自問自答する。

　筆者は中学生から高校生まで，オヤジの晩酌に毎日のように付き合っていました。論題は難解なもので，人生における sein-wollen-sollen，経営は sollen が重要，一族の歴史など私にとってはロゴスの目覚めです。酩酊のオヤジの決まり文句で，「オレは叔父のマルクス[12]を論破した」というものがありました。オヤジの叔父は金沢大学でマルクス経済論の教授をしていたのです。そして「マルクスなど意味はない。絶対に読むな」というのです。あまりにしつこいので，中学生の私は早速古本屋で1冊5円とか10円，歯抜けのマルクス全集を秘密裡に集めていきます。古本はあまりに日焼けの旧漢字，バビロン文字にしか見えませんでした。ところが高校生に

---

12) カール・マルクス（1818年〜1883年：ドイツの哲学者）。鋭敏な視点からエンゲルス（1820年〜1895年）と『資本論』，『共産党宣言』を執筆した。

13) マルクス研究者のコルシュ『マルクス』によれば，マルクスの功績は①社会現象（産業資本主義）の視点：ブルジョアによる剰余価値・利潤の搾取を科学的に明らかにしたこと　②経済学による科学的分析の視点：ヘーゲルのドイツ観念論（唯心論）ではなく古典派経済学（スミスとリカードによる「ブルジョア観念論」）を止揚して労働価値・商品（労働の二面性すなわち交換価値・使用価値からの自己疎外）を科学的に分析したこと　③歴史学的視点：リストの歴史派では科学的ではないため弁証法的唯物史観（人間は社会的存在により規定される：原始共同体→奴隷制→封建制度（地主）→ブルジョア商業・工業資本→思想芸術の照応→上部構造（政治）と下部構造（経済）の資本所有関係→原始共同体以外は階級闘争・所有有無・自己疎外という資本主義の矛盾が生じる→階級闘争・革命（暴力革命）起こる→社会主義→共産主義）という「プロレタリア唯物論（プロレタリア独裁）」を展開したこと，の3つである。

なり，全学連残党の社会科教師からマルクスを教わり，最低限のア
ウトラインだけは理解できたように思います。労働価値の搾取，生
産手段からの疎外，唯物史観 13)。なるほど，素晴らしい理屈だと
は思いましたが，同時になんとも胡散臭く 14)，「オヤジは一理ある
な」と思ったものです。ちなみにオヤジは一切の書物を読まず，原
稿なども書かず，毎日の新聞だけを読むような，よく言えばシュル
レアリスム 15) の権化と呼ぶべきものでした。それでいて，コロン
ブスの卵やゴルディアスの結び目 16) のような頓智には強いアイデ
アマン，天才肌タイプといえます。

　筆者は高校時代，サンサーンス「白鳥」が流れる純喫茶 17) をコー
ジーコーナーとして，珈琲とセブンスター，デカダンな書生気取り

---

14) 『資本論』の原書は第一巻とされる部分のみマルクスが執筆し，残りはマ
　　ルクスの遺稿をエンゲルスがまとめたものである。マルクスは産業資本
　　社会へのアンチテーゼを論じているが，エンゲルスはマルクス死後に出
　　現した帝国主義へのアンチテーゼを含めレーニンと共に「マルクス主義」
　　を御旗として展開したように見える。最近，マルクスは循環型環境社会
　　を標ぼうした環境学者でもあったことがまことしやかに定説となりつつ
　　あるが，これもマルクスの遺稿をまとめた『MEGA』という書籍である。
　　『資本論』の 1 巻以外にせよ『MEGA』にせよ遺稿というメモが正当な
　　学説として成立するのだろうか。
15) 口頭記述で思考の真の動きを表現する手法。フランスの詩人ランボーが
　　先駆的実践者といわれる。
16) 直立しない卵の底に割れ目を入れ自立させることや，ほどけない紐の結
　　び目を剣で断ち切るような斬新的発想。
17) 筆者は中野区の都立高校から自転車で中野刑務所跡地横を通り，中野ブ
　　ロードウエイ傍にあるクラシック喫茶に通っていた。五木寛之も学生時
　　代に通っていたという。

の雰囲気で読むルソー[18]やJ. S. ミル[19]，岩波でいえば白帯から青帯，赤帯へと広がり，ゲーテ[20]や三木清[21]なども難解ながらカバンに忍ばせていました。そして授業中はト書きをしてシュールでサイケな自主映画を撮り，サルトルなどに傾倒していくのです[22]。晩酌の付き合いでは，「お前のやっている活動は全くの価値を生まない」と筆者の活動を否定するオヤジと，「オヤジの文言に根拠なし。オヤジは雄弁会に入れないが詭弁会には入れるだろう」というように対立するようになりました。当初はオヤジがイギリス経験論，筆者はドイツ観念論のような穏やかな対峙でしたが，オヤジが「福祉などは経済では価値がない」と発言するようになると，筆者からは単なるプラグマティズムに映り，アポリア[23]な状態に陥ります。

　筆者はバブル景気の耽美主義に溺れることなく夜学での勤労学生

---

18) ジャン・ジャック・ルソー（1712年〜1778年：フランスの思想家）。『社会契約論』で政治的支配の根拠を国民との契約に求める。ルソーの理解にはJ. ロック，ホッブスとの思想比較が不可欠である。

19) J. S. ミル（1806年〜1873年：フランスの哲学者）。『自由論』では自由の重要性と政府の干渉を批判。ベンサムの功利主義的思想を進展させた。

20) ゲーテ（1749年〜1832年：ドイツの詩人作家）。「一連の瞬間の流れは常に一種の永遠」という至言を残す。ロマン主義に区分されることもあるが本人はロマン主義を下劣と否定。

21) 三木清（1897年〜1945年：日本の哲学者）。治安維持法で投獄，中野刑務所で獄中死。オムニバスの『人生論ノート』は輝きを放つ。

22) 若き日の筆者はレーニンによるボリシェヴィキの暴力革命やダダイズムのようなラディカルでカルトな世界には共感できず一線を画していた。ラディカルやカルトはユーモアがなく斉一性の圧力が働く吐き気を催す世界にしか映らない。

23) 問題を解くなかで遭遇する難題。

となり，オヤジのプラグマティズムに反発して社会保障政策を専攻，思想はマルクス主義から転向するもサン＝シモンや宇沢弘文[24]に共感するようになります。さらに東京都の外郭団体と福祉団体NPOを設立して活動していました。左利きで酒好き，マルクス主義者ではないがフランクフルト派的な「左党」と化していきます。オヤジと逆を実行するというカリギュラ効果，それが若き日のエナジーの源泉でもあったのです。いま思えばカラッポな張りぼて，羊頭狗肉ともいうべき筆者に付き合ってくれたオヤジには感謝しかありません。

　話は経営に戻ります。オヤジのパートナーは1978年に設立していたサンシン電気株式会社の社長を務め，オヤジを待っていてくれていました。オヤジは10年裁判を終えるとサンシン電気の社長として復活します。これまでにたまった鬱憤を晴らすように，上場企業の半導体会社とのコラボレーションを実現，一気呵成に部品商社としてサンシン電気を開花させます。逆境と困難を乗り越え，カタルシスを実現した「豪傑[25]」です。そして筆者は大学4年生の秋，何の予告もなく，オヤジの会社に入社するように命じられました。しかしオヤジとは思想的断絶があり，夜学に通い予備校講師の二足の草鞋で経済的に自活する筆者は，その時すでに米国加州留学の手続き中だったのです。他人の人生を無視したような命令に筆者は留学を取りやめ，とある会計事務所への就職を決めてしまいました。

---

24) 宇沢弘文（1928年〜2014年：日本の経済学者）。『自動車の社会的費用』で環境問題を経済学から分析した気鋭の学者。また，市場と非市場のバランスとNPO活動を重視する『社会的共通資本』（SCC）も有名。
25) 『菜根譚』では，逆境と困難は豪傑を鍛練する重要な手段としている。

「私はオヤジの部下ではない。あなたに命令される筋合いは一切ない」というものが若き日の浅薄な筆者です。そもそもオヤジが勝手に起業をして勝手に倒産したから家族が困窮してきたのであり，筆者幼少のオヤジに対する憧憬は，倒産による「世間の手のひら返し」を小学生から高校生まで目にしてきたニヒリズム，経営と社会に対するルサンチマンとなり，経営に対しての感情は愛憎というアンビバレント，これをいくら解いてもトートロジーな状態でした。

ところが紆余曲折，筆者はオヤジの説得に応じることにしました。オヤジの会社ではなく，重要仕入先に「人質」として入社することになります。転向といえばそれまでかもしれません。左党と嘯いても大学四年生の時に出会ったシュンペーター『経済発展の理論』の新結合（イノベーション）に激しい衝動を受け，サン＝シモンいわく経営者こそ社会福祉活動者である，加州留学という世俗的発想，自分自身への矛盾，辱めをもって，あえて一兵卒となったのでした。周囲からは「二代目」と揶揄されることになりますが，小学生から高校生まで世間の手のひら返しを目撃してきた筆者としては，最大限の微笑みと同時に最大限の軽蔑をもって対峙するほかありません。権力にはうわべすり寄る，権威がなければ手のひら返し，見えるものしか見ない，見えないものは見えない，もしくは見ようとしない者がいかに多いかを知るでしょう。このような世の中では自分自身がノーブランドな無印良品であることが重要です。真贋あるご縁ある方とのみ，邂逅は続きます。

それ以降の筆者のビジネスの歩みは，おおむね本書プロローグで書いたとおりです。くわえて言及すれば，筆者はオヤジの創った商社の承継と平行して，みずから部品メーカーや海外商社，システム

ICT企業を起業し，これらをグループとして集約してきました。そしてグループを取りまとめる持ち株会社，「新東ホールディングス」を設立したのです。経営素人の岡目八目，単なる幸運かもしれませんが，倒産した新東電気を復興し，オヤジの仇を討ち，幼少期に決意した「倒産したお父さんの会社を復活させてやる」という筆者のなかでのパルチザン闘争というべきものは，30年かけて終焉したのでした。恩を仇で返すような敵を忘れることには大いに賛同しますが，決して赦してはならないのです。

くわえて，一族の歴史や両親の戦争体験から，2003年SARSの際に香港を起点とした有事テレワーク制度をいち早く導入したこと，それが10年後の3.11の時に効果を発揮したこと，さらに10年後のコロナ禍では当然のこととして機能していること，オヤジが倒産時あえて大工仕事をとおしてリセットしたように，コロナ禍をリセットの千載一遇のチャンスとして爪を研ぐための三年寝太郎[26]，イノベーションと人材育成に経営資源を投資し会社の基礎を固めていることなど，一族の歴史とオヤジから受けた薫陶を経営戦略として表現し続けています。余談として，筆者が実業家と研究者を両立していることも，実業家，学者，宗教家を生み出してきた一族のルーツに強い影響を受けています。筆者の経営観は，一族とオヤジの生き方，それらへのオマージュが基礎ということになります。

オヤジは1937年4月8日に生まれ，2020年2月15日に旅立ちました。この誕生日と入滅日は，お釈迦様と同じなのです。「オヤ

---

26) 厚狭（あさ）の寝太郎。三年三か月間も寝続け，急に起きて千石船を出し，佐渡島から古い草鞋を持ち帰り砂金で財をなしたという民話。

ジは釈迦だったのか。だから釈迦に説法。人の話など一切聞かな
かったことも合点がいく」と一人唸りました。そして，さらに気づ
いたことには，オヤジはプラグマティズムではなく「実存主義者」
であったということです。いかなる困難があっても夢とロマンを
「投企」して未来へ歩いていくサルトル的実存主義は，幾多の苦難
を乗り越え尋常では不可能なことをプロトピアにやり遂げたオヤジ
と重なります。オヤジは最初から最期まで，何事も他責せず，強靭
な自己責任，自分の人生は自分で自由自在に決めることを貫きまし
た。無粋に我儘といえばそれで終わってしまうことも，強烈な自由
意志[27]とオートノミー，融通無碍（ゆうずうむげ），実存主義者た
るゆえんだったのです。

　このようなオヤジに育てられた筆者は，実存主義者にしかなり
得ないのです。いくら困難が波状的に降りかかろうとも，たとえ
理不尽な誹謗中傷を受けたとしても，夢を投企しユーモアをもっ
て目的に向かい歩いていくことを止めません[28]。デカダンやニヒ
リズム[29]に陥らず，「人間万事塞翁が馬」と臥薪嘗胆に，「面白く

---

27) オヤジとは，「自分のことは自分で決める」という自由意志については完
　全に一致していた。ここでいう自由とは，自分の自然権は国家に「譲渡」
　するのではなく「信託」しているだけであり，自然権は自分に帰属する。
　革命権を含む自由権も自分自身のものであり譲渡しない。ホッブスでも
　ルソーでもなくジョン・ロックの思想に近い。全体主義や権威主義に屈
　しない，画一的なコンフォーミズムは好まない，創造的自由自在な存在
　である。これが石井家代々のアプリオリ的な思想文化といえる。

28) 理不尽は人生の常である。決して赦す必要はないが，ツマラナイものと
　関わらないことはできる。洪自誠『菜根譚』やニーチェ『ツァラトゥス
　トラ』はそれを教示する書である。

なき世の中を面白く」という高杉晋作の志のように，利他の精神を持ち世の光[30]として主体的に，人生一回きりのアウラ[31]を求め宿命・運命・使命そして天命をまっとうする。筆者の経営観は，「経営とはいかなる困難な中でも夢を未来に投企して生きること」ということに収斂されるのです。

　人生と経営のエスプリ，すべての大事なことは，オヤジから教わりました。オヤジ！　お疲れさま！　ありがとう！

29) 実存主義者に区分されるニーチェは『ツァラトゥストラ』のなかで人生における最大の敵をニヒリズムとしている。ニーチェは従前の欧州文化とキリスト教を批判し「神は死んだ」という至言を残した。キリスト教だけに依存しない永劫回帰，ニヒリズムの克服，超人として生きることを提唱したのである。

30) 地の塩・世の光。新約聖書マタイ福音書から。塩は役立つもの，光は神の智恵。

31) オーラのこと。ベンヤミン「複製技術の時代における芸術作品」では，複製不可能で一回性の芸術にのみアウラは宿ると論及した。

# 参考文献

本書の参考文献は，ミンツバーグの経営に必要な能力三項目に沿い，「クラフト（経験）」，「サイエンス（分析）」，「アート（直観）」に分けて記載してみました。適切な文献に出会える確率は年を取るごとに経験から向上していきます。筆者の事例でいえば，10代は打率1割（つまり10冊読んで自分自身に響く本は1冊だけ），20代で打率2割，30代で打率4割，40代で打率8割…という所です。ここに掲載する文献は，そのなかでも厳選したものとなります。ぜひ活用して頂ければと思います。

・クラフト：現場での経験を深化させてくれる文献

伊丹敬之『本田宗一郎』(2020)，ミネルヴァ書房。

稲盛和夫『君の思いは必ず実現する』(2010)，財界研究所。

稲盛和夫『成功への情熱』(2001)，PHP文庫。

井深 大・盛田昭夫『日本人への遺産』(2000)，ロングセラーズ。

梶原一明『石坂泰三 ぼくは仕事以外の無理は一切しない』(1995)，三笠書房。

金田信一郎『失敗の研究』(2016)，日経BP。

堺屋太一『組織の盛衰』(1996)，PHP文庫。

城山三郎『仕事と人生』(2007)，角川書店。

土光敏夫『日々に新た わが心を語る』(1984)，東洋経済新報社。

野口悠紀雄『超整理法』(1993)，中公新書。

松下幸之助『商売心得帖』(2001)，PHP。

モニターデロイト編『SDGsが問いかける経営の未来』(2018)，日本経済新聞出版社。

養老孟司『バカの壁』(2003)，新潮新書。

M. J. アドラー・V. C ドーレン『本を読む本』(1997)，講談社学術文庫。

P. ブロートン『なぜハーバードビジネススクールでは営業を教えないのか？』(2013)，プレジデント社。

H. ミンツバーグ『マネジャーの仕事』(1993)，白桃書房。

## ・サイエンス：分析と検証に役立つ MBA 的な文献

井尻雄士『利速会計入門』(1990)，日本経済新聞出版。

伊藤光晴『ケインズ』(1962)，岩波新書。

宇沢弘文『社会的共通資本』(2000)，岩波新書。

宇沢弘文『自動車の社会的費用』(1974)，岩波新書。

宇野弘蔵『恐慌論』(2010)，岩波文庫。

木下是雄『レポートの組み立て方』(1994)，ちくま学芸文庫。

小林康夫・船曳建夫『知の技法』(1994)，東京大学出版会。

櫻井通晴『管理会計　第六版』(2015)，同文舘出版。

佐和隆光『市場主義の終焉』(2000)，岩波新書。

佐和隆光『平成不況の政治経済学』(1994)，中公新書。

関利恵子・石井宏宗・八幡浩伸『ゼロからの経営分析ワークブック』(2019)，創成社。

中村秀一郎『21 世紀型中小企業』(1992)，岩波新書。

野矢茂樹『入門論理学』(2006)，中公新書。

宮崎義一『複合不況』(1992)，中公新書。

山本昌弘『事業承継ガイドラインを読む』(2018)，経済法令研究会。

A. マカフィー『More from Less』(2020)，日本経済新聞出版。

E. H. シャイン『組織文化とリーダーシップ』(2012)，白桃書房。

J. C. コリンズ・J. I. ボラス『ビジョナリーカンパニー』(1995)，日経BP。

J. P. コッター『リーダーシップ論』(1999)，ダイヤモンド社。

J. P. コッター・J. L. ヘスケット『企業文化が高業績を生む』(1994)，ダイヤモンド社。

H. I. アンゾフ『アンゾフ経営戦略論』(2007)，中央経済社。

H. T ジョンソン・R. S. キャプラン『レレバンス・ロスト』(1992)，白桃書房。

H. ミンツバーグ『MBA が会社を滅ぼす』(2006)，日経 BP。

H. ミンツバーグ・B. アルストランド，J. ランベル『戦略サファリ　第 2 版』(2012)，東洋経済新報社。

T. ピーターズ・R. ウォーターマン『エクセレント・カンパニー』(2003)，英治出版。

R. サイモンズ『戦略評価の経営学』(2003)，ダイヤモンド社。

P. F. ドラッカー『イノベーションと企業家精神』(2007)，ダイヤモンド社。

J. B. バーニー『企業戦略論（上・中・下）』(2003)，ダイヤモンド社。

R. S. カーロック・J. L. ワード『ファミリービジネス最良の法則』(2015)，ファーストプレス。

J. シュンペーター『経済発展の理論（上・下）』(1977)，岩波文庫。

P. F. ドラッカー『マネジメント（上・中・下）』(2008)，ダイヤモンド社。

M. E. ポーター『競争戦略論（Ⅰ・Ⅱ）』(1999)，ダイヤモンド社。

F. コトラー・K. L. ケラー『マーケティング・マネジメント』(2014)，丸善出版。

A. H. マズロー『人間性の心理学』(1987)，産能大学出版部。

A. H. マズロー『完全なる経営』(2001)，日本経済新聞出版。

A. D. チャンドラー , Jr.『組織は戦略に従う』(2004)，ダイヤモンド社。

M. マッコール『ハイ・フライヤー』(2002)，プレジデント社。

T. ディール・A. ケネディ『シンボリック・マネジャー』(1997)，岩波書店。

## ・アート：マネジャーと経営者としての思想に示唆を与える文献

青柳文司『会計物語と時間』(1998)，多賀出版。

池内　紀『カフカ寓話集』(1998)，岩波文庫。

石原慎太郎『わが人生の時の時』(1990)，新潮文庫。

海老坂武『サルトル　実存主義とは何か』(2020)，NHK 出版。

海老坂武『実存主義とは何か』(1996)，人文書院。

大澤真幸『量子の社会哲学』(2010)，講談社。

岡本太郎『壁を破る言葉』(2005)，ファーストプレス。

岡本太郎『芸術と青春』(2002)，光文社知恵の森文庫。

開高 健『オーパ！』(1981)，集英社文庫。

開高 健『モンゴル大紀行』(2008)，朝日文庫。

金谷 治『大学・中庸』，(1998)，岩波文庫。

柄谷行人『世界史の構造』(2015)，岩波現代文庫。

河合隼雄『影の現象学』(1987)，講談社学術文庫。

倉田百三『出家とその弟子』(2003)，岩波文庫。

洪 自誠『菜根譚』(1975)，岩波文庫。

小林多喜二『蟹工船・党生活者』(1953)，新潮文庫。

佐藤公一『小林秀雄の超＝近代』(2009)，アーツアンドクラフツ。

司馬遼太郎『21世紀に生きる君たちへ』(1999)，朝日出版社。

司馬遼太郎『人間というもの』(2004)，PHP文芸文庫。

司馬遼太郎・ドナルドキーン『日本人と日本文化』(1984)，中公文庫。

渋沢栄一『論語と算盤』(2008)，角川ソフィア文庫。

鈴木大拙『日本的霊性』(1972)，岩波文庫。

先崎彰容『吉本隆明 共同幻想論』(2020)，NHK出版。

高安国世『リルケ詩集』(2010)，岩波文庫。

土居建夫『甘えの構造』(2007)，弘文堂。

中地義和『ランボー詩集』(2020)，岩波文庫。

長塚 節『土』(1970)，岩波文庫。

西谷 修『ロジェ・カイヨウ 戦争論』(2019)，NHK出版。

野村 修『スヴェンボルの対話』(1971)，平凡社選書。

野村 修『暴力批判論 他十篇 ベンヤミンの仕事1』(1994)，岩波文庫。

野村 修『ボードレール 他五篇 ベンヤミンの仕事2』(1994)，岩波
　　文庫。

羽仁五郎『教育の論理 文部省廃止論』(1981)，講談社文庫。

林 泰成『道徳教育論』(2009)，放送大学教育振興会。

福田恒存『人間・この劇的なるもの』(1956)，新潮文庫。

福永光司『老子』(2013)，ちくま学芸文庫。

丸山圭三郎『文化＝記号のブラックホール』(1987)，大修館書店。

丸山圭三郎『ソシュールの思想』(1981)，岩波書店。

三木　清『人生論ノート』(1954)，新潮文庫。

三島由紀夫・石原慎太郎『三島由紀夫　石原慎太郎　全対話』(2020)，中公文庫。

宮本常一『日本文化の形成』(2005)，講談社学術文庫。

山田無文『十牛図』(1982)，禅文化研究所。

山本七平『空気の研究』(1983)，文春文庫。

吉田健一『英語と英国と英国人』(1992)，講談社文芸文庫。

和辻哲郎『和辻哲郎随筆集』(1995)，岩波文庫。

渡辺京二『逝きし世の面影』(2005)，平凡社ライブラリー。

アダム・スミス『道徳感情論（上・下）』(2003)，岩波文庫。

エドワード・モーガン『フォースター評論集』(1996)，岩波文庫。

サン＝シモン『産業者の教理問答』(2001)，岩波文庫。

シェイクスピア『ハムレット』(1983)，白水ブックス。

シェイクスピア『オセロー』(1983)，白水ブックス。

シェイクスピア『マクベス』(1983)，白水ブックス。

セネカ『人生の短さについて』(1980)，岩波文庫。

ニーチェ『ツァラトゥストラ』(1973)，中公文庫。

バタイユ『文学と悪』(1998)，ちくま学芸文庫。

マックスヴェーバー『プロテスタンティズムの倫理と資本主義の精神』(1989)，岩波文庫。

マルクス・エンゲルス『共産党宣言』(1951)，岩波文庫。

マルクス・エンゲルス『資本論（1-9）』(1997)，岩波文庫。

ミル『自由論』(1971)，岩波文庫。

モーム『世界の十大小説（上・下）』(1997)，岩波文庫。

モーム『読書案内』(1997)，岩波文庫。

ライプニッツ『単子論』(1951)，岩波文庫。

ルソー『人間不平等起源論』(1974)，中央文庫。

ルソー『エミール（上・中・下）』(1962)，岩波文庫。

レーヴィット『ヘーゲルからニーチェへ（上・下）』(2015)，岩波文庫。

レーニン『帝国主義』(1956)，岩波文庫。

F. M. コーンフォード『ソクラテス以前以後』(1995)，岩波文庫。

K. コルシュ『マルクス』(1967)，未来社。

R. ベッセル『ナチスの戦争』(2015)，中公新書。

J. ダイヤモンド『銃・病原菌・鉄（上・下）』(2012)，草思社文庫。

S. I. ハヤカワ『思考と行動における言語』(1985)，岩波書店。

S. ジジェク『ポストモダンの共産主義』(2010)，ちくま新書。

S. IYENGAR "The Art of Choosing" (2010), TWELVE.

M. ウエルベック『地図と領土』(2015)，筑摩書房。

M. ウエルベック『服従』(2017)，河北書房新社。

M. トウェイン『不思議な少年』(1999)，岩波文庫。

S. ZUBOFF "THE AGE OF SURVEILLANCE CAPITALISM" (2019), BBS.

T. PIKETTY "CAPITAL" (2014), Belknap Press.

M. J. SANDEL "JUSTICE" (2009), FSG.

## ・筆者の著書

クラフト系：石井宏宗 『スタートアップビジネス 第2版』(2018)，創成社。

サイエンス系：石井宏宗 『社長が教える経営学』(2019)，創成社。

アート系：石井宏宗 『経営とは生きること』(2010)，税務経理協会。

# 索　引

152

## タ

≪著者紹介≫

**石井宏宗**（ISHII HIROMUNE）
博士（経営学）

　**[現　職]**
　　サンシングループ 代表
　　株式会社エスシーツー　システムコンサルタント
　　一般社団法人 ICT マネジメント研究会　理事長
　　日本経営実務研究学会　理事
　　日本経営監査学会　理事
　　日本地方公会計学会　理事
　　東京福祉大学　非常勤講師
　　信州大学　特別講師
　　ビズアップ総研　講座講師
　**[主要職歴]**
　　1996 年　4 月　サンケン電気株式会社（1998 年 9 月まで）
　　1998 年 10 月　サンシン電気株式会社（企業再生・国内外 8 社起業・等）
　　2004 年 12 月　サンシングループ 代表（現在に至る）
　**[主要教歴]**
　　2007 年　明海大学 非常勤講師（2013 年まで）
　　2015 年　明治大学大学院・マレーシア工科大学院 DMP 特任講師（2018 年まで）
　　2018 年　東京福祉大学 非常勤講師（現在に至る）
　**[専　門]**
　　収益管理会計・経営分析論・中小企業論
　**[所属学会]**
　　日本経営実務研究学会 理事
　　日本経営監査学会 理事
　　日本地方公会計学会 理事
　**[主要著書]**
　　『M&A と株主価値』（単著，森山書店，2010 年）
　　『経営とは生きること』（単著，税務経理協会，2011 年）
　　『スタートアップ・ビジネス』（単著，創成社，2018 年）　他多数
　**[主要論文]**
　　2019 年 12 月
　　「マーケティングと管理会計の接合に関する事例研究　―成長性測定に関する新
　　たなフレームワークの検証をとおして―」，査読有，『経営実務研究』，第 14 号，
　　pp.1-14，2019 年 12 月，日本経営実務研究学会（川口あすみ氏との共著）
　　2020 年 12 月
　　「ABM 成長マトリックスと収益性分析　―戦略別・ランク別顧客の成長性と収
　　益性の比較検証から―」，査読有，『経営実務研究』，第 15 号，pp.1-16，2020 年
　　12 月，日本経営実務研究学会（川口あすみ氏との共著）　他多数
　**[座右の銘]**
　　人間万事塞翁が馬

（検印省略）

2021 年 7 月 20 日　初版発行　　　　　　　　略称 ―ビジネス・ヒント

# ビジネス・ヒントの経営学
## ―闘い抜く技法を学ぶ―

著　者　石　井　宏　宗
発行者　塚　田　尚　寛

発行所　東京都文京区　**株式会社 創 成 社**
　　　　春日 2 ‐ 13 ‐ 1

電　話　03 (3868) 3867　　Ｆ Ａ Ｘ　03 (5802) 6802
出版部　03 (3868) 3857　　Ｆ Ａ Ｘ　03 (5802) 6801
http://www.books-sosei.com　振　替　00150-9-191261

定価はカバーに表示してあります。

©2021 Hiromune Ishii　　　　　　組版：スリーエス　印刷・製本：🦅
ISBN978-4-7944-2587-4 C 3034
Printed in Japan　　　　　　　　落丁・乱丁本はお取り替えいたします。